Ihr MANZ Buch

Die Republik Österreich stellt Ihnen Buch und SbX für Ihre Ausbildung zur Verfügung.
Dieses Buch bietet Ihnen die Grundlage für das Erlernen des computerunterstützten Rechnungswesens.

Buch-Nr. 170693 (Teil Lehrmodell)

Autoren:

OStR Prof. Mag. Klaus-Peter Haberl
BHAK/BHAS 1 Klagenfurt

Dir. Mag. Dr. Gerhard Veidl
BHAK/BHAS Wolfsberg

Prof. Mag. Helmut Bauer
BHAK/BHAS I Salzburg

OStR Prof. Mag. Rudolf Lechner
BHAK/BHAS Wiener Neustadt

Wien 2015

Dieses Lern- und Arbeitsbuch wurde vom Bundesministerium für Bildung und Frauen mit Bescheid vom 5. September 2014, Geschäftszahl 5.025/0033-B/8/2014, für den Unterricht an Handelsakademien, II. Jahrgang, im Unterrichtsgegenstand Unternehmensrechnung und mit Bescheid vom 1. Oktober 2015, Geschäftszahl 5.025/0012-B/8/2015, für den Unterricht an Höheren land- und forstwirtschaftlichen Lehranstalten im Unterrichtsgegenstand Betriebswirtschaft und Rechnungswesen für geeignet erklärt.

Printed in the EU, ISBN 978-3-7068-5050-6

Das vorliegende Buch wurde auf chlorfrei gebleichtem Papier gedruckt.

Umschlaggestaltung: buero8, Wien

MANZ

Herzlich willkommen im neuen Schuljahr!

Das innovative MANZ Lernpaket

Als führender Verlag im berufsbildenden Schulwesen wissen wir, dass Sie Lernpakete benötigen, die Sie zielgerecht zum Lernerfolg – zu Wissen und Kompetenz – führen. Wir wollen, dass Sie nach Abschluss Ihrer Ausbildung Ihre persönlichen Chancen am Arbeitsmarkt bestmöglich wahrnehmen können. Deshalb arbeiten wir täglich mit erfahrenen Schulbuchautorinnen und Schulbuchautoren sowie Wissenschaftlerinnen und Wissenschaftlern an der Produktion zeitgemäßer Lernpakete.

Ihr **Lernpaket** besteht aus

- einem übersichtlich gegliederten Schülerbuch,
- abwechlungsreichen digitalen Ergänzungen inklusive des MANZ Lernraumes im Rahmen von SbX – Schulbuch*Extra* und
- einem **Übungsbuch** mit zusätzlichen Übungsbeispielen und Lösungen zur Selbstkontrolle, sodass Sie jede Schularbeit und jede Prüfung leicht schaffen.

Alle Teile des Lernpakets sind aufeinander abgestimmt und folgen dem **MANZ 4-Schritte-Lernmodell.**

Das MANZ 4-Schritte-Lernmodell

Dieses Buch ist ein speziell für Sie gestaltetes, modernes Lern- und Arbeitsbuch. Der Lernstoff ist in diesem Buch in Kapitel und innerhalb der Kapitel in Lerneinheiten gegliedert. Die Lerneinheiten sind nach dem MANZ 4-Schritte-Lernmodell aufgebaut und ein spezielles Leitsystem erleichtert die „Navigation" im Buch.

LERNEN **(Input)**
Information aufnehmen, Zusammenhänge erkennen, Theorie erfassen

ÜBEN **(Anwendung)**
Kompetenz aufbauen, Routine erwerben, Erfahrung sammeln

SICHERN **(Festigung)**
Gelerntes zusammenfassen, Übersicht gewinnen, Inhalte wiederholen

WISSEN **(Kontrolle)**
Wissen testen, Kompetenz überprüfen, Können beweisen

SbX Zu diesem Schülerbuch gibt es im Rahmen von SbX (Schulbuch*Extra*) unter **www.wissenistmanz.at** Online-Ergänzungen sowie ein Lernmanagementsystem, den **MANZ Lernraum.** Die Online-Ergänzungen sind wie das Schülerbuch im 4-Schritte-Lernmodell aufgebaut und enthalten Power-Point-Präsentationen, MP3-Zusammenfassungen, Aufgaben mit automatischer Aufgabenkontrolle und mehr.

Dem Verlag MANZ ist es ein grundlegendes Anliegen, ...

... Chancengleichheit wo immer möglich zu fördern. Frauen und Männer werden in den Texten und Beispielen dieses Buches gleichberechtigt behandelt. Um den Lesefluss nicht zu stören, wird aber – wo nötig – auf das Nebeneinander weiblicher und männlicher Formen verzichtet. Begriffe und Formulierungen aus Gesetzestexten werden berücksichtigt.

Lehrmodell Unternehmensrechnung HAK II

SbX			ID:	
⇅	Ü	✓	🎧	🎬

Zu allen Lerneinheiten dieses Buches gibt es ergänzende SbX-Inhalte. Die SbX-Leiste zeigt Ihnen bei jedem Arbeitsschritt, welche Inhalte zur Verfügung stehen. Die Erklärung der Symbole finden Sie auf der Rückseite dieses Buches.

Alle SbX-Inhalte finden Sie online unter:

→ **www.wissenistmanz.at**

→ **Startcode: 00250090**

1 FALLBEISPIELE – NACH BELEGKREISEN

Worum geht's in diesem Kapitel?

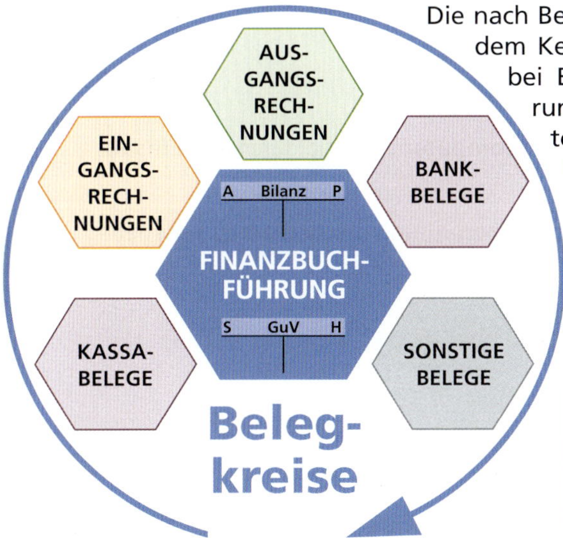

Die nach Belegkreisen geordneten Fallbeispiele dienen dem Kennenlernen der erforderlichen Arbeitsschritte, bei Einsatz des Softwarepaketes, der Finanzbuchführung, Fakturierung und Anlagenbuchführung. Sie bereiten auch auf die durchzuführenden Arbeiten an den Fallbeispielen – nach Prozessen – und dem Lehrmodell vor. Die Fallbeispiele umfassen alle Arbeiten, die in der Regel bei der Bearbeitung des entsprechenden Belegkreises anfallen.

Zu jedem Belegkreis ist eine **Checkliste** mit den erforderlichen Arbeitsschritten angeführt. Die **Wareneinkäufe** sind generell in der **Klasse 5** zu verbuchen. In den Fallbeispielen werden folgende **Belegsymbole** für die entsprechenden **Belegkreise** verwendet:

K = Kassabelege	**B** = Bankbelege
E = Eingangsrechnungen	**S** = Sonstige Belege (Buchungsanweisungen)
A = Ausgangsrechnungen	

Bildungs- und Lehraufgabe sowie **Lehrstoff** des **Lehrplanes**
↓
Kompetenzen, die Sie erwerben

Mit der Bearbeitung dieses Kapitels erwerben Sie die in der **Bildungs- und Lehraufgabe** des aktuellen **Lehrplanes** für den **Bereich Doppelte Buchführung in der Praxis** angeführten **Kompetenzen.**

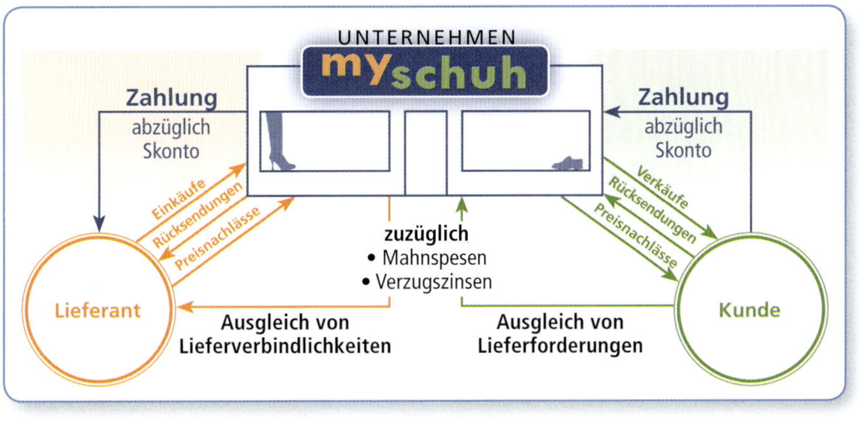

Sie können
- **die Stammdatenpflege durchführen,**
- **laufende Geschäftsfälle anhand einer Belegsammlung mit einer kaufmännischen Standardsoftware verbuchen, die USt-Zahllast ermitteln, die Lagerbuchhaltung führen, fakturieren, offene Posten verwalten, ein Anlagenverzeichnis führen,**

Dieses Kapitel umfasst folgende Lerneinheiten:

- **die Auswirkung der Buchungen auf die Bilanz und die Gewinn- und Verlustrechnung erkennen,**
- **die erforderlichen Auswertungen erstellen und interpretieren,**
- **Datensicherung vornehmen.**

Diesen Kompetenzen liegt folgender **Lehrstoff** zugrunde:

- **Verbuchung von laufenden Geschäftsfällen einschließlich Lager- und Anlagenbuchführung anhand einer Belegsammlung**
- **Auswertungen**
- **Stammdatenpflege, Datensicherung**

Die erworbenen **Fach-, Methoden-, Sozial- und Selbstkompetenzen** sind durch den **Einsatz von Fallstudien** vernetzt anzuwenden.

A B C D E

In diesem Kapitel finden Sie Fallbeispiele zur Kompetenzüberprüfung auf der Handlungsebene **C Anwenden.**

Die Fallbeispiele sind mit dem **Datenstand UEBE** zu bearbeiten.

Lerneinheit 1
Bargeschäfte

Lernen

Markieren Sie im nachfolgenden Text die Antworten auf folgende Fragen:

- **Wann sind Barzahlungen festzuhalten?**
- **Wann sind Barzahlungen zu verbuchen?**
- **Welche Belege bilden die Buchungsgrundlage von Bargeschäften?**
- **Welche Arbeitsschritte ergeben sich bei der Bearbeitung von Kassabelegen?**

Verbuchung von Barzahlungen

Barzahlungen (Bareingänge und Barausgänge), wie Zahlungen für Treibstoff, Miete, Instandhaltungen, Strom und Portogebühren, sind **täglich festzuhalten,** z. B. durch das Aufbewahren der Kassabelege in zeitlicher Reihenfolge. Die **Verbuchung** (im Kassabuch, auf Konten und im Journal) muss im Allgemeinen **spätestens einen Monat und 15 Tage nach Ablauf des Kalendermonats** erfolgen.

Darstellung: Bargeschäfte

Bei Einsatz eines Softwarepaketes erfolgt die Verbuchung der Kassabelege in der Regel **vorerst auf den Konten;** damit werden die entsprechenden Daten auch im **Journal** und im **Kassabuch** erfasst.

Darstellung: Einkauf von Kopierpapier gegen Barzahlung bei der Kalle GmbH, Villach – Abbildung des Aufwands- und Kassakontos, des Kassabuches und Buchungsjournals

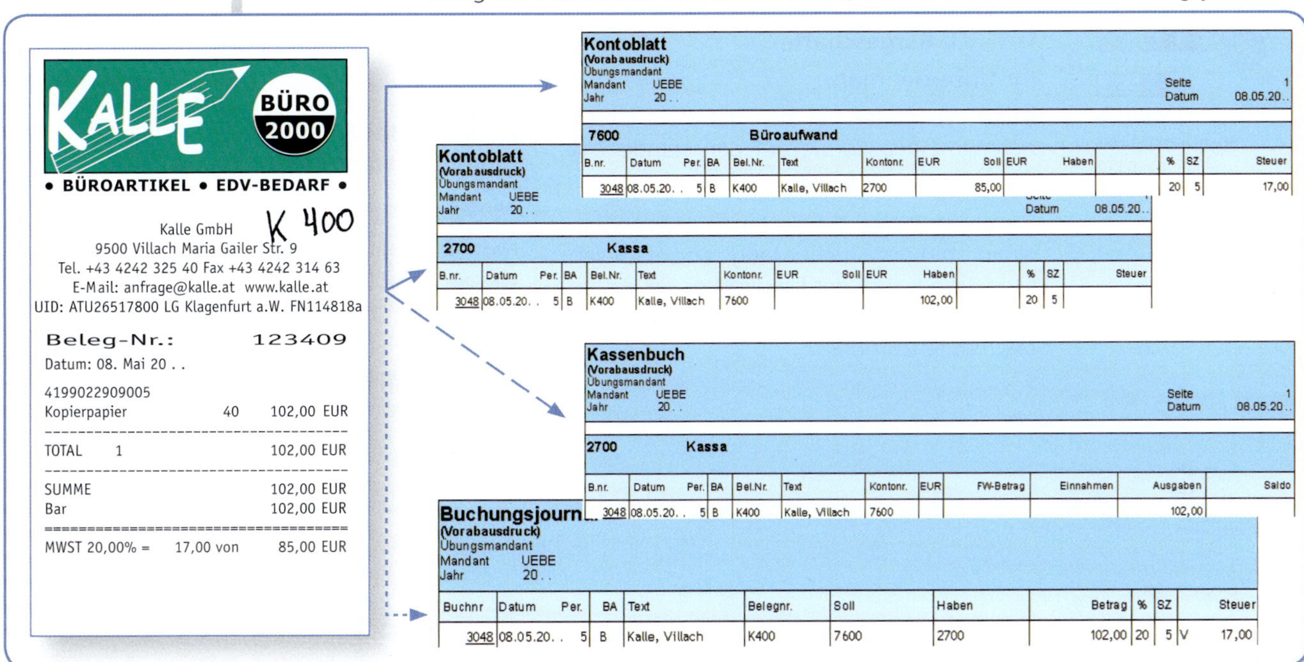

Buchungsgrundlage

Grundlage der Verbuchung von Bargeschäften sind die entsprechenden **Kassabelege.**

Checkliste – Kassabelege

Bei der **Bearbeitung von Kassabelegen** ergeben sich, zusammengefasst, im Allgemeinen folgende **Arbeitsschritte:**

Arbeitsschritte
Kassabelege

		ERLEDIGT
1	**EINBUCHUNG** des **Saldovortrages Kassa** bzw. **KONTROLLE** des **Saldos des letzten Geschäftstages** am Kassakonto	
2	**NUMMERIERUNG** und **KONTIERUNG** der **Kassabelege des aktuellen Geschäftstages**	
3	**EINTRAGUNG** der **Buchungsanweisungen** in die **Buchungsliste** bzw. in die **angeführten Buchungszeilen**	
4	**BERECHNUNG** des **Kassa-Sollbestandes** am **Ende des aktuellen Geschäftstages**	
5	**VERGLEICH** des **errechneten Kassa-Sollbestandes** mit dem **Kassa-Istbestand**	
6	**ERFASSUNG** der einzelnen **Kassabuchungen** in der **Finanzbuchführung** des entsprechenden Softwarepaketes	
7	Vor der Verbuchung: **ABSTIMMUNG** des am Bildschirm ausgewiesenen **Kassasaldos** mit dem in 4 **errechneten Saldo**	
8	Durchführung der **VERBUCHUNG** der **Kassabelege** in der **Finanzbuchführung** des entsprechenden Softwarepaketes	
9	**AUSDRUCK** des **Buchungsjournals, KONTROLLE** der **Buchungen**	
10	**AUSDRUCK** des **Kassabuches, KONTROLLE** des **Saldos**	

Üben

SbX ID: 0112

A B C D E

SbX
WINLine Buchungstrainer ID: 0112

Ü 11.01: Bargeschäfte

Ihr Unternehmen:

Anna Weidhofer hat sich mit dem Unternehmen Linea Young auf den Handel mit trendiger junger Mode spezialisiert.

Die große Stärke des Unternehmens liegt in einer starken Orientierung an aktuellen Modetrends und der Möglichkeit, in der eigenen Schneiderei auch Änderungen sehr rasch durchzuführen.

Basisinfo

Anna Weidhofer e. U.
Mode-Boutique – Linea Young

Adresse: Kolingasse 11, 1090 Wien
Telefon: +43 1 31 98 205-0
Fax: +43 1 31 98 205-20

Website: www.lineayoung.at
E-Mail: office@lineayoung.at

UID-Nr.: ATU13245674
DVR: 0132871
FB: LG Wien, FN 164367t

LINEA young

Am 2. Mai 20. . ergeben sich folgende Bargeschäfte:[1]

1. 2.5. Der Bargeldbestand (Saldovortrag Kassa) vom 30. April beträgt € 655,00.

BA[2]	Datum	Soll	Haben	Beleg Nr.	OP-Nummer[3]	Text	Betrag	USt-Betrag	USt-%	Kassa + oder –

2. 2.5. K 305 Kauf von Tonerpatronen für den Farblaserdrucker € 380,00 + € 76,00 USt = = € 456,00

BA	Datum	Soll	Haben	Beleg Nr.	OP-Nummer	Text	Betrag	USt-Betrag	USt-%	Kassa + oder –

3. 2.5. K 306 Aufgabe von drei Paketen, Barzahlung der Portogebühren

Österreichische Post AG
UID-Nr: ATU46674503
1094 Wien
Nussdorferstraße 10-12
Tel. 0577 677 - 1094
Internet: www.1094.post.at

Es bediente Sie: Herr Bruno Sturm
Datum: 02.05.20. . 17:15

Rechnung Nr.: 10940141264180

Stk	Bezeichnung	EUR
1	Paket Inland, Österreich bis 4 kg	5,46 0
	LKW-Maut	0,14 0
	Sendungsnummer(n): **1094050012317051 PLZ: 1010**	
1	Paket Inland, Österreich bis 4 kg	5,46 0
	LKW-Maut	0,14 0
	Sendungsnummer(n): **1094050012317078 PLZ: 9300**	
1	Paket Inland, Österreich bis 4 kg	5,46 0
	LKW-Maut	0,14 0
	Sendungsnummer(n): **1094050012317103 PLZ: 3100**	
	SUMME	**16,80**
	0 % USt. 16,80	0,00 0

Vielen Dank für den Versand Ihrer Sendung(en) mit der Österreichischen Post AG!

BA	Datum	Soll	Haben	Beleg Nr.	OP-Nummer	Text	Betrag	USt-Betrag	USt-%	Kassa + oder –

4. 2.5. K 307 Bezahlung des Abonnements einer Modefachzeitschrift € 83,00 (inkl. 10 % USt)

BA	Datum	Soll	Haben	Beleg Nr.	OP-Nummer	Text	Betrag	USt-Betrag	USt-%	Kassa + oder –

5. 2.5. K 308 Rechnung der Esso-Service-Station Hermann Töfferl e. U. über eine Tankfüllung des Firmen-Pkw

```
ESSO SERVICE STATION HERMANN TÖFFERL E.U.
     1100 WIEN TRIESTER STRASSE 128
    TEL.: +43 1 608 39 62 (FAX: 20)
           UID=ATU25759006

RECHNUNGS- NR.: 165301
NR: 8055 (04 3 1)    02.05.20..12:16:

BESCHREIBUNG            MENGE SUMME-EUR M
*ZP05 ESSO DIESEL       34,21 l  50.00E*B
GESAMT BETRAG EUR :               50.00
BAR      EUR                     100.00
ZURÜCK  BAR EUR                  -50.00

MWST B  20.00% VON    41.67       8.33
       MWST GESAMT EUR            8.33
```

BA	Datum	Soll	Haben	Beleg Nr.	OP-Nummer	Text	Betrag	USt-Betrag	USt-%	Kassa + oder –

[1] Die mit dem -Symbol versehenen Geschäftsfälle stehen als Video-Clip auf der im Arbeitsbuch des computerunterstützten Rechnungswesens enthaltenen DVD zur Verfügung.

[2] Bei Einsatz des WINLine-Softwarepaketes der Mesonic GmbH ist im Feld BA die entsprechende Buchungsart einzutragen. Kommen in einer Buchungsanweisung keine Personenkonten vor, ist als Buchungsart – **B** – einzutragen.

[3] Das Feld OP-Nummer bleibt bei Bargeschäften leer.

6. 2.5. K 309 Privatentnahme bar € 1.200,00

BA	Datum	Soll	Haben	Beleg Nr.	OP-Nummer	Text	Betrag	USt-Betrag	USt-%	Kassa + oder –

7. 2.5. K 310 Barzahlung der Frachtkosten für die Lieferung von Waren von der Lieferantin Maria Seidler GmbH € 280,00 + € 56,00 USt = € 336,00

BA	Datum	Soll	Haben	Beleg Nr.	OP-Nummer	Text	Betrag	USt-Betrag	USt-%	Kassa + oder –

8. 2.5. K 311 Barverkäufe dieses Geschäftstages laut elektronischer Registrierkasse:

```
        02-05-..
      655,00   Kassa-Saldovortrag

    2.661,00   Gesamtumsatz - Brutto
      443,50   Umsatzsteuer

    1.174,20   Kassa-Sollbestand
           18:18
```

BA	Datum	Soll	Haben	Beleg Nr.	OP-Nummer	Text	Betrag	USt-Betrag	USt-%	Kassa + oder –

Aufgabe: Bearbeiten Sie die Kassabelege entsprechend der Checkliste – Arbeitsschritte Kassabelege. Der Kassa-Sollbestand entspricht dem Kassa-Istbestand.

Der Kassa-Sollbestand ist durch Addition bzw. Subtraktion der in den Feldern „Kassa + oder –" ausgewiesenen Beträge zu ermitteln, in das nebenstehende Feld einzutragen und mit dem am Bildschirm ausgewiesenen Kassasaldo zu vergleichen. C

Kassa-Sollbestand

SbX
WINLine Buchungstrainer ID: 0112

Schallplatten (Langspielplatten, Schellackplatten) sind kreisrunde, schwarze Scheiben, die als analoger Tonträger dienen. Die Wiedergabe erfolgt mithilfe eines **Plattenspielers**.

Ü 11.02: Bargeschäfte

Ihr Unternehmen:

Stefan Buchbauer ist Experte für DVDs und Schallplatten und betreibt einen Shop in der Innenstadt von Linz.

Das Unternehmen erfüllt auch ausgefallene Kundenwünsche und organisiert Tauschbörsen für Liebhaber von Schallplatten.

Basisinfo

Stefan Buchbauer e. U.
DVD-Shop

Adresse: Kapuzinerstraße 84, 4020 Linz
Telefon: +43 732 77 48 06
Fax: +43 732 77 48 06-05

Website: www.dvd-shop.at
E-Mail: office@dvd-shop.at

UID-Nr.: ATU44630707
DVR: 0088871
FB: LG Linz, FN 88092y

Buchbauer

Am 17. März 20. . ergeben sich folgende Bargeschäfte:

1. 17.3. Bargeldbestand (Kassa-Saldovortrag) vom 16. März € 221,00

BA	Datum	Soll	Haben	Beleg Nr.	OP-Nummer	Text	Betrag	USt-Betrag	USt-%	Kassa + oder –

2. 17.3. K 155 Einkauf von Musik-DVDs bei der Maxdata GmbH, € 1.375,00 + € 275,00 USt = € 1.650,00

BA	Datum	Soll	Haben	Beleg Nr.	OP-Nummer	Text	Betrag	USt-Betrag	USt-%	Kassa + oder –

3. 17.3. K 156 Kauf einer USB-Festplatte für den Firmenlaptop (Verbuchung auf dem Konto 7030 Abschreibungen geringwertiger Wirtschaftsgüter)

MultiMediaMarkt Ges.m.b.H. Linz
Im Bäckerfeld 10, 4060 Linz
Telefon +43 732 678 59 40 · Telefax +43 732 678 59-10
E-Mail: officelinz@multimediamarkt.at

MM Markt

RECHNUNG BARVERKAUF 20175102 Datum: 17.03. . .

20961 Verkaeufer: 5064 WEDENIG
Lieferart: MITNAHME
Lieferdatum: 17.03. . .
Ihre UID-Nummer: ATU44630707

STEFAN BUCHBAUER E.U.
KAPUZINERSTRASSE 84
4020 LINZ

Menge	ArtNr	Bezeichnung	MS	Einzel	Gesamt
1	1440389	WESTERN DIGITAL 1,5 TB USB 2.0 HARDDISK	20	156,00	156,00

Netto EUR: 130,00
MwSt EUR: 20,00 %: 26,00

Betrag EUR: 156,00
Zu leistende Anzahlung EUR: 0,00
Restzahlung EUR: 156,00

Auftrag erteilt gem. umseitigen AGB Verk: Ware erhalten:

Belegnr.: 20175102
Barzahlung 156,00 EUR

MM Markt
MultiMediaMarkt Ges.m.b.H. Linz
Im Bäckerfeld 10
4060

BA	Datum	Soll	Haben	Beleg Nr.	OP-Nummer	Text	Betrag	USt-Betrag	USt-%	Kassa + oder –

4. 17.3. K 157 Für die Erstellung eines Flugblattes wird Kopierpapier von der Strein GmbH um € 52,20 (inkl. 20 % USt) gekauft.

BA	Datum	Soll	Haben	Beleg Nr.	OP-Nummer	Text	Betrag	USt-Betrag	USt-%	Kassa + oder –

5. 17.3. K 158 Bareinzahlung auf das Firmenbankkonto

IBAN	EIN	AUS
AT942032019000002213	500,–	

Gi–Ein AT942032019000002213 STEFAN BUCHBAUER E.U. 500,00+
LSPKAT2LXXX 17.03.20 . . V001438 1250 BEZAHLT

SPARKASSE

Stempel: SPARKASSE LINZ 20320 17.03. . . 34/3

Unterschrift bzw. Losungswort

S-PROSERV 12510

BA	Datum	Soll	Haben	Beleg Nr.	OP-Nummer	Text	Betrag	USt-Betrag	USt-%	Kassa + oder –

6. 17.3. K 159 Ausbesserungsarbeiten an der Gebäudefassade, Barzahlung der Rechnung der KAK Sanierungs-GmbH € 540,00 + € 108,00 USt = € 648,00

BA	Datum	Soll	Haben	Beleg Nr.	OP-Nummer	Text	Betrag	USt-Betrag	USt-%	Kassa + oder –

7. 17.3. K 160 Kauf eines Toners für den Laserdrucker € 144,00 (inkl. 20 % USt)

BA	Datum	Soll	Haben	Beleg Nr.	OP-Nummer	Text	Betrag	USt-Betrag	USt-%	Kassa + oder –

8. 17.3. K 161 Barverkäufe dieses Geschäftstages laut Ausdruck der Computerkasse:

```
      17-03-..
    221,00   Kassa-Saldovortrag

  3.270,00   Gesamtumsatz - Brutto
    545,00   Umsatzsteuer

    340,80   Kassa-Sollbestand
        18:10
```

BA	Datum	Soll	Haben	Beleg Nr.	OP-Nummer	Text	Betrag	USt-Betrag	USt-%	Kassa + oder –

Aufgabe: Bearbeiten Sie die Kassabelege entsprechend der Checkliste – Arbeitsschritte Kassabelege. Der Kassa-Sollbestand entspricht dem Kassa-Istbestand.

Der Kassa-Sollbestand ist durch Addition bzw. Subtraktion der in den Feldern „Kassa + oder –" ausgewiesenen Beträge zu ermitteln, in das nebenstehende Feld einzutragen und mit dem am Bildschirm ausgewiesenen Kassasaldo zu vergleichen. C

Kassa-Sollbestand

Wissen

Ein kurzer Kompetenz-Check, bevor's weitergeht!

Kompetenz-Check

	☺	😐	☹
Ich kann Bargeschäfte verbuchen.			
Ich kann feststellen, ob der Geschäftsfall den Kassabestand erhöht oder senkt.			
Ich kann den Kassa-Sollbestand errechnen und mit dem Kassa-Istbestand abstimmen.			
Ich kann das Buchungsjournal, das Kassabuch und das Kassakonto ausdrucken.			

Lerneinheit 2

Wareneinkäufe, Rücksendungen und Preisnachlässe

Lernen

Markieren Sie im nachfolgenden Text die Antworten auf folgende Fragen:

- **Wo sind Eingangsrechnungen und Gutschriften von Lieferanten zu verbuchen?**
- **Wie werden Preisnachlässe behandelt?**
- **Welche Informationen werden in der Offene-Posten-Verwaltung erfasst?**
- **Mit welchem Datum werden die Zugänge bzw. Rücksendungen in der Lagerbuchführung erfasst?**
- **Was ermöglicht eine aktuelle Lagerbuchführung?**
- **Welche Belege bilden die Buchungsgrundlage für Wareneinkäufe, Rücksendungen und Preisnachlässe in der Finanzbuchführung, Offene-Posten-Verwaltung und Lagerbuchführung?**
- **Welche Arbeitsschritte ergeben sich bei der Bearbeitung von Wareneinkäufen, Rücksendungen und Preisnachlässen?**

Eingangsrechnungen, Gutschriften

Eingangsrechnungen aus Bestellungen bei Lieferanten (Wareneinkäufe) und **Gutschriften von Lieferanten** aus Warenrücksendungen bzw. Preisnachlässe werden bei Einsatz eines Softwarepaketes zuerst auf den **entsprechenden Konten** und danach in der **Offene-Posten-Verwaltung** verbucht.

Preisnachlässe

Bei einem **Preisnachlass** in Form eines **sofort gewährten Rabattes** wird nur der um den Rabatt verminderte Betrag in der Buchführung erfasst. **Nachträglich gewährte Rabatte** vermindern die Schuld gegenüber dem Lieferanten und den Einstandspreis der bereits verbuchten Ware; außerdem ist die Vorsteuer zu berichtigen.

Für **jeden Lieferanten ist ein eigenes Konto** in der Finanzbuchführung **einzurichten.** Auf diesen Konten werden die Geschäftsfälle des jeweiligen Lieferanten erfasst; Umsätze und Kontenstände können jederzeit abgelesen werden. **Mit der Verbuchung auf den Konten** erfolgt auch die **Erfassung im Journal.**

Darstellung: Wareneinkäufe, Rücksendungen und Preisnachlässe

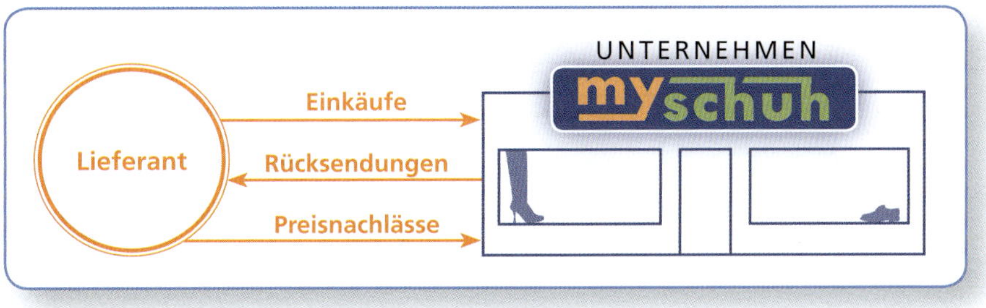

Offene-Posten-Verwaltung

In der **Offene-Posten-Verwaltung** werden weitere Informationen zur

- **Kontrolle der Fälligkeiten von Rechnungen** (Wann ist welche Rechnung zu zahlen?), zur
- **Optimierung von Zahlungsvorgängen** (Bis zu welchem Termin kann unter Abzug von Skonto gezahlt werden?) und für die
- **elektronische Zahlungsabwicklung** (Electronic Banking)

erfasst.

Die Eingangsrechnungen werden in der Offene-Posten-Verwaltung unter einer **Offene-Posten-Nummer** (OP-Nummer) gespeichert. **Rücksendungen, Preisnachlässe und Zahlungen** werden nach der Erfassung in der Finanzbuchführung **der entsprechenden OP-Nummer** zugeordnet.

Lagerbuchführung

Lagerzugänge werden aufgrund von **Eingangsrechnungen (Lieferscheinen)** mit dem **Datum der Lieferung** (Lieferdatum) in der Lagerbuchführung erfasst. Die Erfassung von **Rücksendungen** erfolgt anhand der **Gutschrift des Lieferanten** mit dem **Datum der Rücksendung. Preisnachlässe** werden in der Lagerbuchführung **wertmäßig** den entsprechenden Artikeln mit dem **Datum der Gutschrift des Lieferanten** zugeordnet.

Eine **aktuelle Lagerbuchführung** ermöglicht zu jedem beliebigen Zeitpunkt **Auswertungen** über verkaufte Mengen, aktuelle Lagerbestände, Mindestbestandsmengen, erteilte Bestellungen, Gewinn je Artikel bzw. Warengruppe usw.

Darstellung: Einkauf von Handys von der handy-land GmbH, Wien – Abbildung des Lieferantenkontos, der Offene-Posten-Position, des Buchungs- und Artikeljournals

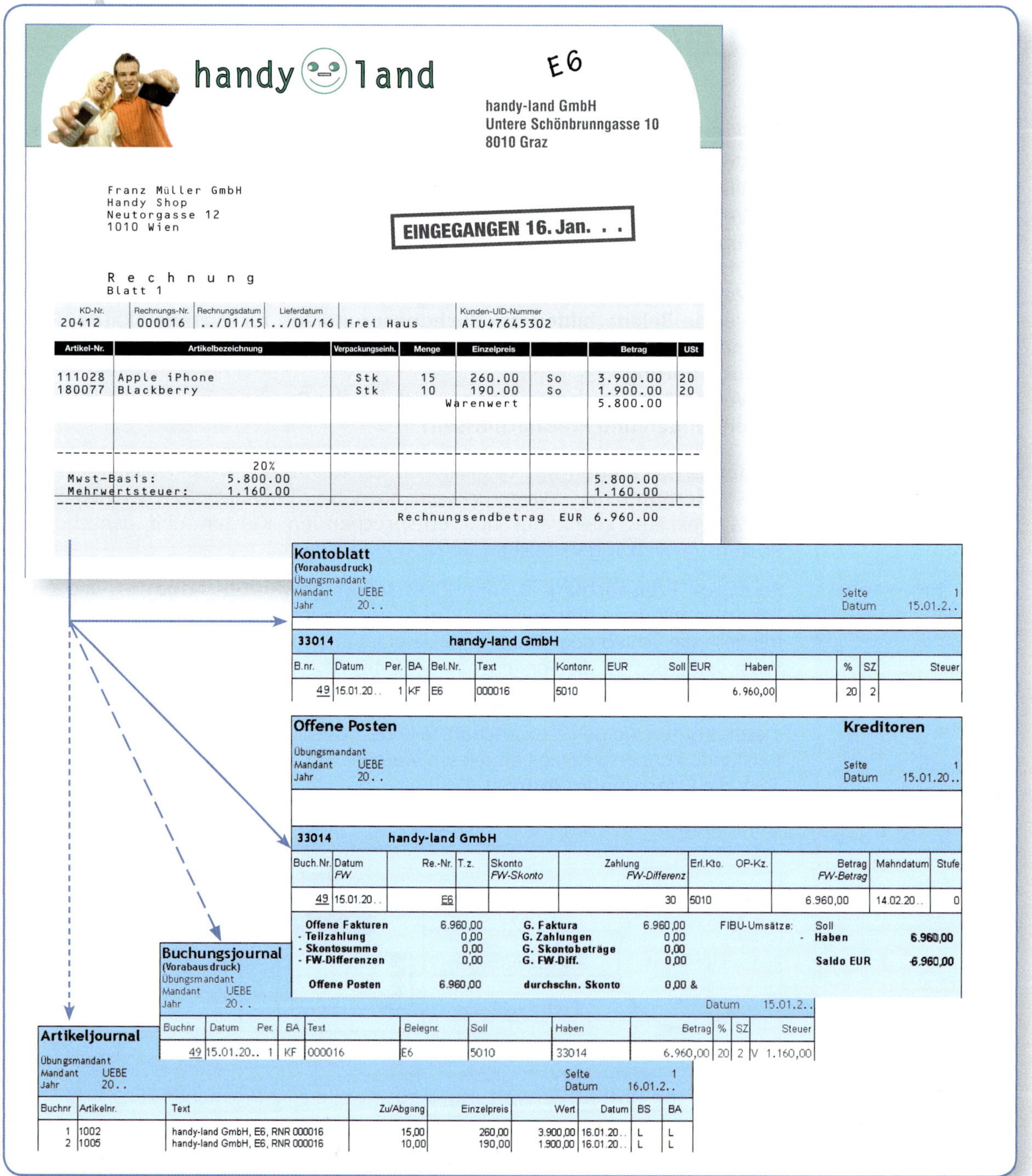

handy land

E6

handy-land GmbH
Untere Schönbrunngasse 10
8010 Graz

Franz Müller GmbH
Handy Shop
Neutorgasse 12
1010 Wien

EINGEGANGEN 16. Jan. . .

Rechnung
Blatt 1

KD-Nr.	Rechnungs-Nr.	Rechnungsdatum	Lieferdatum		Kunden-UID-Nummer
20412	000016	../01/15	../01/16	Frei Haus	ATU47645302

Artikel-Nr.	Artikelbezeichnung	Verpackungseinh.	Menge	Einzelpreis		Betrag	USt
111028	Apple iPhone	Stk	15	260.00	So	3.900.00	20
180077	Blackberry	Stk	10	190.00	So	1.900.00	20
				Warenwert		5.800.00	
Mwst-Basis:	20% 5.800.00					5.800.00	
Mehrwertsteuer:	1.160.00					1.160.00	
			Rechnungsendbetrag		EUR	6.960.00	

Kontoblatt
(Vorabausdruck)
Übungsmandant
Mandant UEBE
Jahr 20. .
Seite 1
Datum 15.01.2. .

33014 handy-land GmbH

B.nr.	Datum	Per.	BA	Bel.Nr.	Text	Kontonr.	EUR Soll	EUR Haben		%	SZ	Steuer
49	15.01.20. .	1	KF	E6	000016	5010		6.960,00		20	2	

Offene Posten **Kreditoren**
Übungsmandant
Mandant UEBE
Jahr 20. .
Seite 1
Datum 15.01.20. .

33014 handy-land GmbH

Buch.Nr.	Datum FW	Re.-Nr.	T.z.	Skonto FW-Skonto	Zahlung FW-Differenz	Erl.Kto. OP-Kz.	Betrag FW-Betrag	Mahndatum	Stufe
49	15.01.20. .	E6			30	5010	6.960,00	14.02.20. .	0

Offene Fakturen	6.960,00	G. Faktura	6.960,00	FIBU-Umsätze: Soll	
- Teilzahlung	0,00	G. Zahlungen	0,00	- Haben	6.960,00
- Skontosumme	0,00	G. Skontobeträge	0,00		
- FW-Differenzen	0,00	G. FW-Diff.	0,00	Saldo EUR	-6.960,00
Offene Posten	6.960,00	durchschn. Skonto	0,00 &		

Buchungsjournal
(Vorabausdruck)
Übungsmandant
Mandant UEBE
Jahr 20. .
Datum 15.01.2. .

Buchnr	Datum	Per.	BA	Text	Belegnr.	Soll	Haben	Betrag	%	SZ	Steuer
49	15.01.20. .	1	KF	000016	E6	5010	33014	6.960,00	20	2	V 1.160,00

Artikeljournal
Übungsmandant
Mandant UEBE
Jahr 20. .
Seite 1
Datum 16.01.2. .

Buchnr	Artikelnr.	Text	Zu/Abgang	Einzelpreis	Wert	Datum	BS	BA
1	1002	handy-land GmbH, E6, RNR 000016	15,00	260,00	3.900,00	16.01.20. .	L	L
2	1005	handy-land GmbH, E6, RNR 000016	10,00	190,00	1.900,00	16.01.20. .	L	L

Buchungsgrundlage

Grundlage der Verbuchung von Wareneinkäufen, Rücksendungen und Preisnachlässen in der Finanzbuchführung, Offene-Posten-Verwaltung und Lagerbuchführung sind die entsprechenden **Eingangsrechnungen** bzw. **Gutschriften von Lieferanten.**

Checkliste – Wareneinkäufe, Rücksendungen und Preisnachlässe

Bei der **Bearbeitung von Wareneinkäufen, Rücksendungen** und **Preisnachlässen** ergeben sich, zusammengefasst, im Allgemeinen folgende **Arbeitsschritte:**

Arbeitsschritte
Wareneinkäufe, Rücksendungen und Preisnachlässe

Nr.	Arbeitsschritt	ERLEDIGT
1	**NUMMERIERUNG** und **KONTIERUNG** der ● **Eingangsrechnungen –** bei Wareneinkäufen ● **Gutschriften des Lieferanten –** bei Rücksendungen und Preisnachlässen	
2	**EINTRAGUNG** der **Buchungsanweisungen** in die **Buchungsliste** und **Lagerbuchführungsliste** bzw. in die entsprechenden **Buchungs-** und **Lagerbuchführungszeilen**	
3	**ERFASSUNG** und **VERBUCHUNG** der **Eingangsrechnungen** bzw. **Gutschriften des Lieferanten** in der **Finanzbuchführung** und in der **Offene-Posten-Verwaltung** des entsprechenden Softwarepaketes	
4	**ERFASSUNG** der **Lagerzugänge** bzw. **Lagerabgänge** (bei Rücksendungen) und der **Preisnachlässe** in der **Lagerbuchführung** des entsprechenden Softwarepaketes	
5	**AUSDRUCK** des **Buchungsjournals, KONTROLLE** der **Buchungen**	
6	**ERSTELLUNG** von **Offene-Posten-Auswertungen, KONTROLLE** der **offenen Posten**	
7	**AUSDRUCK** des **Artikeljournals, KONTROLLE** der **Lagerbewegungen**	

Üben

SbX ID: 0112

A B C D E

SbX

WINLine Buchungstrainer ID: 0112

Ü 11.03: Wareneinkäufe, Rücksendungen und Preisnachlässe

Ihr Unternehmen:

Im Mittelpunkt der unternehmerischen Tätigkeit der Franz Müller GmbH steht der Handel mit Smartphones und Zubehör.

In einer eigenen Reparaturwerkstatt werden Schäden und Probleme rasch behoben. Zudem legt das Unternehmen sehr viel Wert auf eine umfassende Kundenberatung.

Basisinfo

Franz Müller GmbH
Handy Shop

Adresse: Neutorgasse 12, 1010 Wien
Telefon: +43 1 68 13 381-0
Fax: +43 1 68 13 381-10

Website: www.handy-mueller.at
E-Mail: shop@handy-mueller.at

UID-Nr.: ATU22508506
DVR: 0111313
FB: LG Wien, FN 286164f

Handy SHOP

Im Jänner 20 . . ergeben sich u. a. folgende Geschäftsfälle:

1. 3.1. E 1 Wareneinkauf von der Richard Schneider GmbH (33024), R 3314, € 2.520,00 + + € 504,00 USt = € 3.024,00; Zahlung innerhalb von 8 Tagen mit 2 % Skonto
   14 Stk. Samsung Handys à € 180,00, Art.-Nr. 1005 (Bestand 1 Stk. à € 190,00, Verkaufspreis € 340,00)

BA[1]	Datum	Soll	Haben	Beleg Nr.	OP-Nummer	Text	Betrag	USt-Betrag	USt-%

Artikelnummer[2]	Datum	Menge	Preis	Betrag	Text

2. 3.1. E 2 Einkauf von Apple-Handys von der Walter Polzer GmbH (33019)

HANDYnet
walter polzer gmbh

Franz Müller GmbH
Handy Shop
Neutorgasse 12
1010 Wien

EINGEGANGEN 4. Jan. . .

03.01.20 . .
Seite 1
Kunden-UID-Nr.: ATU22508506

Rechnungs-Nr: **R33J0068** ← Bei Zahlung angeben!

RECHNUNG

Pos	Artikel	Menge Eh	Einzelpreis	USt %	EUR-Betrag
	Positionen aus Auftrag 'U33J0044' vom 02.01.20 . .				
	Positionen aus Angebot 'A33J0044' vom 02.01.20 . .				
1	**Apple iPhone 32 GB Handy**	**15,00 Stk**	**270,00**	**20,00**	**4.050,00**

Nettobetrag:	EUR	4.050,00
USt 20,00 %	EUR	810,00
Gesamtbetrag:	EUR	**4.860,00**

Laut Lagerbuchführung: Artikel-Nr. 1002, Lagerbestand 2 Stk. à € 290,00, Verkaufspreis € 420,00

BA	Datum	Soll	Haben	Beleg Nr.	OP-Nummer	Text	Betrag	USt-Betrag	USt-%

Artikelnummer	Datum	Menge	Preis	Betrag	Text

[1] Wird das WINLine-Programm eingesetzt, so ist bei der Verbuchung von Eingangsrechnungen die Buchungsart – **KF** – und bei der Verbuchung von Rücksendungen an Lieferanten bzw. Preisnachlässen von Lieferanten die Buchungsart – **KZ** – zu verwenden.

[2] Kommt es bei Einkäufen zu Lagerbewegungen, so sind diese vorerst in den abgebildeten Lagerbuchführungszeilen und danach in der Lagerbuchführung des eingesetzten Programmpaketes zu erfassen.

3. 4.1. S 1 Rücksendung an die Walter Polzer GmbH (33019) zu R 33J0068. Es wurden 5 Handys zu viel geliefert, € 1.350,00 + € 270,00 USt = € 1.620,00.

BA	Datum	Soll	Haben	Beleg Nr.	OP-Nummer	Text	Betrag	USt-Betrag	USt-%

Artikelnummer	Datum	Menge	Preis	Betrag	Text

4. 5.1. S 2 Preisnachlass des Lieferanten Richard Schneider GmbH (33024) zu R 3314 wegen falscher Cover € 140,00 + € 28,00 USt = € 168,00

BA	Datum	Soll	Haben	Beleg Nr.	OP-Nummer	Text	Betrag	USt-Betrag	USt-%

Artikelnummer	Datum	Menge	Preis	Betrag	Text

5. 6.1. E 3 Kauf von LG Handys von der Waltraud Rosner e. U. (33023)

rosnerhandy.at

Waltraud Rosner e. U.
Handy-Direktimport
Pflanzengasse 12, 8010 Graz
Tel.: +43 316 813 380-0
Fax: +43 316 813 380-50
Mail: versand@rosnerhandy.at
UID-Nr.: ATU54430502

Franz Müller GmbH
Neutorgasse 12
1010 Wien

EINGEGANGEN 7. Jan. . .

Rechnung Nr.: D5d32qP9R

Kunden-UID-Nr.: ATU22508506
Bestellung vom 28. Dezember 20 . .
Lieferdatum/Rechnungsdatum 6. Jänner 20 . .

Menge	Artikel	Preis (netto)	USt. %	Gesamt (netto)
30	LG Optimus L5	EUR 130,00	20,00 %	EUR 3.900,00

Versandkosten (netto)	Zwischensumme (netto)	Zuzueglich USt.: 20,00 %	Gesamtsumme (inkl. USt)
EUR 0,00	EUR 3.900,00	EUR 780,00	EUR 4.680,00

Zahlbar innerhalb von 8 Tagen mit 2 % Skonto; 30 Tage netto Kassa!

Laut Lagerbuchführung: Artikel-Nr. 1025, Lagerbestand 3 Stk. à € 140,00, Verkaufspreis € 262,00

BA	Datum	Soll	Haben	Beleg Nr.	OP-Nummer	Text	Betrag	USt-Betrag	USt-%

Artikelnummer	Datum	Menge	Preis	Betrag	Text

6. 8.1. S 3 Nachträglicher Rabatt von 10 % auf die Lieferung der Waltraud Rosner e. U. (33023) vom 6. Jan., R D5d32qP9R

BA	Datum	Soll	Haben	Beleg Nr.	OP-Nummer	Text	Betrag	USt-Betrag	USt-%

Artikelnummer	Datum	Menge	Preis	Betrag	Text

7. 10.1. E 4 Kauf eines Ausstellungsregals von der Büro AG (33005) um € 900,00 + € 180,00 USt = € 1.080,00, R 8047Z; Zahlung innerhalb von 14 Tagen ohne Abzug

BA	Datum	Soll	Haben	Beleg Nr.	OP-Nummer	Text	Betrag	USt-Betrag	USt-%

8. 10.1. E 5 Für die Heizungsanlage des Unternehmens wird Heizöl von der Shell Austria GmbH (33028) gekauft, € 2.400,00 + € 480,00 USt = € 2.880,00, R 970084; Zahlung innerhalb von 14 Tagen ohne Abzug

BA	Datum	Soll	Haben	Beleg Nr.	OP-Nummer	Text	Betrag	USt-Betrag	USt-%

Aufgabe: a) Bearbeiten Sie die Geschäftsfälle entsprechend der Checkliste – Arbeitsschritte Wareneinkäufe, Rücksendungen und Preisnachlässe. C

b) Drucken Sie das Konto und die Offene-Posten-Auswertung des Lieferanten Richard Schneider GmbH (33024) aus und kontrollieren Sie die Werte. C

SbX
WINLine Buchungstrainer ID: 0112

Ü 11.04: Wareneinkäufe, Rücksendungen und Preisnachlässe

Ihr Unternehmen:

Johanna Amlacher hat sich auf den Handel mit hochwertigen Haushaltswaren spezialisiert.

Zu Marketingzwecken veranstaltet Frau Amlacher in regelmäßigen Abständen kleinere Events, wie Kochkurse oder Ernährungsseminare, bei denen auch Geschirr und Besteck verkauft wird.

Basisinfo

Johanna Amlacher e. U.
Handel mit Haushaltsgeräten

Adresse: Maria-Theresien-Str. 15, 6010 Innsbruck
Telefon: +43 512 53 60 33
Fax: +43 512 53 60 33-2

Website: www.haushalt.at
E-Mail: buero@haushalt.at

UID-Nr.: ATU66301021
DVR: 0221840
FB: LG Innsbruck, FN 55963z

amlacher HAUSHALT

Im Mai 20 . . ergeben sich u. a. folgende Geschäftsfälle:

1. 10.5. E 1270 Einkauf von Kaffeeautomaten von der Maria Seidler GmbH (33026), R 6100, € 1.560,00 + € 312,00 USt = € 1.872,00; Zahlung innerhalb eines Monats ohne Abzug

   20 Stk. Krups Essenza Nespresso Kaffeeautomat à € 78,00, Art.-Nr. 1020 (kein Bestand vorhanden, Verkaufspreis € 120,00)

BA	Datum	Soll	Haben	Beleg Nr.	OP-Nummer	Text	Betrag	USt-Betrag	USt-%

Artikelnummer	Datum	Menge	Preis	Betrag	Text

2. 10.5. E 1271 Einkauf von Miele Waschmaschinen von der Reigl GmbH (33021)

REIGL · COM ››› MIELE – IT WORKS

Reigl GmbH, Miele Point – Rosentaler Str. 122 – 9020 Klagenfurt a. W. – Tel.: +43 463 28 24 90 – Fax: DW 4 – E-Mail: office@reigl.com

Amlacher Johanna e.U.
Haushaltsgerätehandel
Maria-Theresien-Straße 15
6010 Innsbruck

EINGEGANGEN 11. Mai . .

Rechnung Nr. R 1082 Seite: 1

Datum: 10.05. . .
Kunden-Nr.: 20089
Kunden-UID-Nr.: ATU66301021
Ihre Bestellung: 03.05. . .
Versandart: Spedition, frei Haus

Pos	Menge	Artikel	Bezeichnung	Einzelpreis	Gesamtpreis
1	10 Stk.	MW3250	MIELE W3250 Softtronic Waschmaschine, 6 kg Füllmenge, Schleuderzahl max. 1400 UpM, Energieeffizienz- und Waschwirkungsklasse A, Maße 850/595/580 mm	350,00	3.500,00

Betrag exklusive USt:		EUR 3.500,00
zuzüglich 20 % USt von:	3.500,00	EUR 700,00
Rechnungsbetrag:		**EUR 4.200,00**

Zahlungskondition: Innerhalb eines Monats ohne Abzug, bei Zahlung innerhalb von 8 Tagen 2 % Skonto

Post- und Lieferadresse:
Reigl GmbH, Miele Point
Rosentaler Straße 122
9020 Klagenfurt a. W.

Bankverbindung:
Kärntner Sparkasse – Luegerstraße 37
9020 Klagenfurt a. W. – Austria
BIC KSPKAT2K – IBAN AT15 2070 6010 0023 2401

UID-Nr.: ATU 38981508
Firmenbuch: LG Klagenfurt a.W. FN125040v
Gerichtsstand: Klagenfurt a. W.
Garantieerfüllungsort: Klagenfurt a. W.

Laut Lagerbuchführung: Artikel-Nr. 1023, Lagerbestand 2 Stk. à € 340,00, Verkaufspreis € 670,00

BA	Datum	Soll	Haben	Beleg Nr.	OP-Nummer	Text	Betrag	USt-Betrag	USt-%

Artikelnummer	Datum	Menge	Preis	Betrag	Text

3. 11.5. S 646 5 % Preisnachlass von der Lieferantin Maria Seidler GmbH (33026) € 93,60 (inkl. 20 % USt) wegen kleinerer Lackschäden an einem Kaffeeautomaten, R 6100 (E 1270 vom 10. Mai)

BA	Datum	Soll	Haben	Beleg Nr.	OP-Nummer	Text	Betrag	USt-Betrag	USt-%

Artikelnummer	Datum	Menge	Preis	Betrag	Text

4. 12.5. E 1272 Einkauf von Mikrowellenherden von der Günther Schwarz GmbH (33025), R 22888, € 1.725,00 + € 345,00 USt = € 2.070,00; Zahlung innerhalb eines Monats ohne Abzug, bei Zahlung innerhalb von 8 Tagen 2 % Skonto

15 Stk. Panasonic Mikrowelle – Grill/Heißluft CN750W à € 115,00, Art.-Nr. 1026 (Bestand 1 Stk. à € 115,00, Verkaufspreis € 260,00)

BA	Datum	Soll	Haben	Beleg Nr.	OP-Nummer	Text	Betrag	USt-Betrag	USt-%

Artikelnummer	Datum	Menge	Preis	Betrag	Text

5. 13.5. S 647 Rücksendung an den Lieferanten Günther Schwarz GmbH (33025), R 22888. Ein Mikrowellenherd ist nicht funktionsfähig.

SCHWARZ Elektrogeräte

Günther Schwarz GmbH
Elektrogerätegroßhandel
Capistrangasse 10
1060 Wien

Amlacher Johanna e. U.
Maria-Theresien-Straße 15
6010 Innsbruck

EINGEGANGEN 14. Mai . .

Rechnung: R 22888
Ihr Zeichen: M/M
Kunde: 20844
Datum: 13.05.20 . .
Kunden-UID-Nr.: ATU66301021

Gutschrift Nr. 0211

Für die an uns zurückgesandte, nicht funktionsfähige Mikrowelle – Grill/Heißluft Panasonic CN750W, aus der Lieferung vom 12. Mai 20 . . . , R 22888, schreiben wir

	€ 115,00
+ 20 % USt	€ 23,00
	€ 138,00

gut.

Wir werden den Mangel mit unserem Produzenten abklären und Sie darüber informieren.

Mit besten Grüßen

Maier Martin

BA	Datum	Soll	Haben	Beleg Nr.	OP-Nummer	Text	Betrag	USt-Betrag	USt-%

Artikelnummer	Datum	Menge	Preis	Betrag	Text

6. 13.5. E 1273 Kauf eines Lkw (Mercedes Sprinter Kastenwagen) von der Autohaus Goidinger GmbH (33002) um € 30.310,00 + € 6.062,00 USt = = € 36.372,00, R 1140; Zahlung innerhalb eines Monats ohne Abzug

BA	Datum	Soll	Haben	Beleg Nr.	OP-Nummer	Text	Betrag	USt-Betrag	USt-%

7. 14.5. E 1274 Einkauf von Geschirrspülern von der Bauknecht AG (33003), R 00628, um € 1.950,00 + € 390,00 USt = € 2.340,00; Zahlung innerhalb eines Monats ohne Abzug

5 Stk. Bauknecht Geschirrspüler GMX 5990 à € 390,00, Art.-Nr. 1004 (kein Bestand vorhanden, Verkaufspreis € 650,00)

BA	Datum	Soll	Haben	Beleg Nr.	OP-Nummer	Text	Betrag	USt-Betrag	USt-%

Artikelnummer	Datum	Menge	Preis	Betrag	Text

8. 18.5. S 648 Der im Kaufvertrag mit der Bauknecht AG (33003) vereinbarte Rabatt von 10 % wurde nicht berücksichtigt. Nach einem Telefonat mit dem zuständigen Sachbearbeiter wird eine nachträgliche Gutschrift von € 234,00 (inkl. 20 % USt) gewährt.

BA	Datum	Soll	Haben	Beleg Nr.	OP-Nummer	Text	Betrag	USt-Betrag	USt-%

Artikelnummer	Datum	Menge	Preis	Betrag	Text

Aufgabe: a) Bearbeiten Sie die Geschäftsfälle entsprechend der Checkliste – Arbeitsschritte Wareneinkäufe, Rücksendungen und Preisnachlässe. C

b) Drucken Sie das Konto und die Offene-Posten-Auswertung der Lieferantin Maria Seidler GmbH (33026) aus und kontrollieren Sie die Werte. C

Wissen

Ein kurzer Kompetenz-Check, bevor's weitergeht!

Kompetenz-Check

	☺	😐	☹
Ich kann Eingangsrechnungen bzw. Gutschriften in der Buchführung und in der Offene-Posten-Verwaltung verbuchen.			
Ich kann Lagerzugänge, Preisnachlässe und Rücksendungen in der Lagerbuchführung erfassen.			
Ich kann das Buchungsjournal, die Offene-Posten-Auswertungen, das Artikeljournal, die Lieferantenkonten und weitere vom Geschäftsfall betroffene Konten ausdrucken.			

Lerneinheit 3

Warenverkäufe, Rücksendungen und Preisnachlässe

Lernen

Markieren Sie im nachfolgenden Text die Antworten auf folgende Fragen:

- **Wie ist bei Bestellungen von Kunden, Warenverkäufen, Warenrücksendungen von Kunden sowie Preisnachlässen an Kunden vorzugehen?**
- **Wodurch werden die Buchungsanweisungen für die Finanzbuchführung und die Offene-Posten-Verwaltung erstellt?**
- **Wie werden Ausgangsrechnungen, Zahlungen und Rücksendungen von Kunden sowie Preisnachlässe an Kunden in der Offene-Posten-Verwaltung behandelt?**
- **Wodurch werden Veränderungen im Lager ausgelöst?**
- **Welche Belege bilden die Buchungsgrundlage für Warenverkäufe, Rücksendungen und Preisnachlässe in der Finanzbuchführung, Offene-Posten-Verwaltung und Lagerbuchführung?**
- **Welche Arbeitsschritte ergeben sich bei der Bearbeitung von Warenverkäufen, Rücksendungen und Preisnachlässen?**

Lieferscheine, Ausgangsrechnungen, Gutschriften

Bei **Bestellungen** sowie **Warenrücksendungen** von **Kunden** und **Preisnachlässen** an **Kunden** werden bei Einsatz eines Softwarepaketes im Allgemeinen zuerst die **Lieferscheine** und danach **Ausgangsrechnungen** (Fakturen) bzw. **Gutschriften** erstellt.

Mit dem **Ausdruck der Ausgangsrechnungen bzw. Gutschriften** erfolgt in der Regel eine **automatische Erstellung der Buchungsanweisungen** für die Finanzbuchführung bzw. Offene-Posten-Verwaltung. Die Verbuchung ist anschließend gesondert durchzuführen.

Für **jeden Kunden ist ein eigenes Konto** in der Finanzbuchführung **einzurichten.** Auf diesen Konten werden die Geschäftsfälle des jeweiligen Kunden erfasst; Umsätze und Kontenstände sind jederzeit ersichtlich.

Darstellung: Warenverkäufe, Rücksendungen und Preisnachlässe

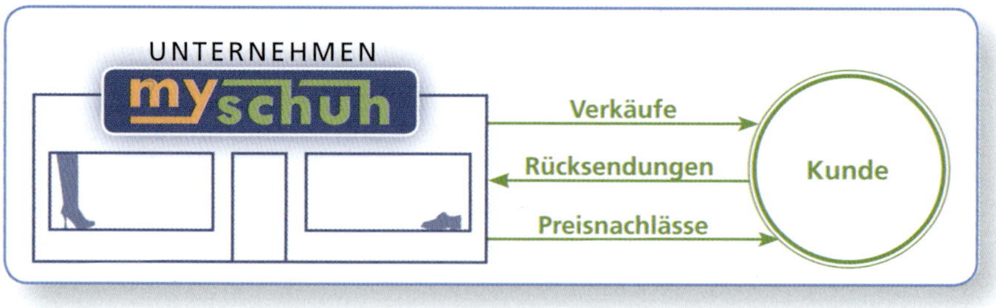

Offene-Posten-Verwaltung

Ausgangsrechnungen werden in der Offene-Posten-Verwaltung unter einer eigenen **Offene-Posten-Nummer** (OP-Nummer) gespeichert. **Zahlungen von Kunden, Gutschriften aufgrund von Warenrücksendungen und Preisnachlässen** sind nach der Erfassung in der Finanzbuchführung **der entsprechenden OP-Nummer** zuzuordnen.

Lagerbuchführung

Die **Veränderungen im Lager** (Lagerabgänge bei Warenverkäufen bzw. Lagerzugänge bei Warenrücksendungen) werden bei Einsatz von Softwarepaketen meist **automatisch mit dem Ausdruck der Lieferscheine** durchgeführt.

Bei Gutschriften aufgrund von Preisnachlässen ist **keine Lagerbewegung** erforderlich.

Darstellung: Onlineshop-Bestellung von Brigitte Reisner e. U., Salzburg – Abbildung der Faktura, des Kundenkontos, des Buchungs- und Artikeljournals

Rechnungsadresse:	Lieferadresse:		
20012	20012	Laufnummer	WEB 1601
Brigitte Reisner e.U.	Brigitte Reisner e.U.	Druckstatus	MMAA
Rainerstraße 14	Rainerstraße 14	Belegdatum	23.10.20 . .
5020 Salzburg	5020 Salzburg	Belegnummer	WEB 1601
		Kunden-UID-Nr.	ATU40003508

Artikel Bezeichnung	Menge	Preis	Rabatt	Gesamt (exkl. 20 % USt)
1001 Alu-Felgen Aluett 6 x 14	20	58,00		1.160,00
1032 Sitzheizkissen 12 Volt/60 Watt	10	18,75		187,50

AUTO-TEILE HUNGER GmbH

Seite: 1

Fischauer Gasse 120
2700 Wiener Neustadt

Brigitte Reisner e. U.
Rainerstraße 14
5020 Salzburg

Ausgangsrechnung

Kunde:	20012
Kunden-UID-Nr.:	ATU40003508
Rechnungs-Nr.:	FA 4490
Datum:	24.10.20 . .

Pos	Artikel	Menge	Einzelpreis	Rab. %	Gesamt
	1001 Alu-Felgen Aluett 6 x 14	20,00	58,00		1.160,00
	1032 Sitzheizkissen 12 Volt/60 Watt	10,00	18,75		187,50

Zahlungskonditionen

zahlbar bis 07.11.20 . . mit 2,00 % Skonto 32,34 1.584,66
zahlbar bis 23.11.20 . . Netto 1.617,00

Nettosumme:	1.347,50
Steuer gesamt:	269,50
Rechnungssumme:	**1.617,00**

Kontoblatt

(Vorabausdruck)
Auto-Teile Hunger GmbH
Mandant UEBE
Jahr 20 . .

Seite 1
Datum 24.10.20 . .

20012 Brigitte Reisner e.U.

B.nr.	Datum	Per.	BA	Bel.Nr.	Text	Kontonr.	EUR Soll	EUR Haben	%	SZ	Steuer
4340	24.10.20 . .	10	DF	FA-4490	F/G FA-4490	4000	1.617,00		20	2	

Buchungsjournal

Auto-Teile Hunger GmbH
Mandant UEBE
Jahr 20 . .

Seite 1
Datum 24.10.20 . .

Buchnr	Datum	Per.	BA	Text	Belegnr.	Soll	Haben	Betrag	%	SZ		Steuer
4340	24.10.20 . .	10	DF	F/G FA-4490	FA-4490	20012	4000	1.617,00	20	2	U	269,50

Artikeljournal

Auto-Teile Hunger GmbH
Mandant UEBE
Jahr 20 . .

Seite 1
Datum 24.10.20 . .

Buchnr	Artikelnr.	Text	Zu/Abgang	Einzelpreis	Wert	Datum	BS	BA
1207	1001	20012LS-4490	20,00	45,00	900,00	24.10.20 . .	V	FA
1208	1032	20012LS-4490	10,00	11,00	110,00	24.10.20 . .	V	FA
1209	1001	20012FA-4490	20,00	58,00	1.160,00	24.10.20 . .	U	FA
1210	1032	20012FA-4490	10,00	18,75	187,50	24.10.20 . .	U	FA

Buchungsgrundlage

Grundlage der Verbuchung von Warenverkäufen, Rücksendungen und Preisnachlässen in der Finanzbuchführung, Offene-Posten-Verwaltung und Lagerbuchführung sind die entsprechenden **Ausgangsrechungen** bzw. **Gutschriften an Kunden.**

Checkliste – Warenverkäufe, Rücksendungen und Preisnachlässe

Bei der **Bearbeitung von Warenverkäufen, Rücksendungen und Preisnachlässen** ergeben sich, zusammengefasst, im Allgemeinen folgende **Arbeitsschritte:**

Arbeitsschritte
Warenverkäufe, Rücksendungen und Preisnachlässe

		ERLEDIGT
1	**ERSTELLUNG** und **AUSDRUCK** von **Lieferscheinen** und **Fakturen** aufgrund der **Kundenbestellungen** bzw. von **Gutschriften** aufgrund von **Warenrücksendungen** von Kunden und der **Preisnachlässe** an Kunden	
2	**ÜBERNAHME** der **automatisch erstellten Buchungsanweisungen** in die **Finanzbuchführung** und **Offene-Posten-Verwaltung**	
3	**DURCHFÜHRUNG** der **Verbuchung** in der **Finanzbuchführung** und **Offene-Posten-Verwaltung**	
4	**AUSDRUCK** des **Buchungsjournals**, **KONTROLLE** der **Buchungen**	
5	**ERSTELLUNG** von **Offene-Posten-Auswertungen**, **KONTROLLE** der **offenen Posten**	
6	**AUSDRUCK** des **Artikeljournals**, **KONTROLLE** der **Lagerbewegungen**	

Üben

SbX ID: 0112

A B C D E
SbX
WINLine
ID: 0112

Ü 11.05: Warenverkäufe, Rücksendungen und Preisnachlässe

Ihr Unternehmen:

Die Auto-Teile Hunger GmbH repariert Pkw und Zweiräder. Überdies werden im Shop Autoteile und Zubehör verkauft.

Speziell der Reifen- und Ölservice ist bei den Kunden besonders beliebt, da es sehr günstige Angebote gibt.

Basisinfo

Auto-Teile Hunger GmbH
Kraftfahrzeugfachmarkt mit Werkstätte

Adresse: Fischauer Gasse 120, 2700 Wiener Neustadt
Telefon: +43 2622 265 53
Fax: +43 2622 265 53-5

Website: www.kfzhunger.at
E-Mail: office@kfzhunger.at

UID-Nr.: ATU23444360
DVR: 0055872
FB: LG Wr. Neustadt, FN 156717t

AUTO-TEILE HUNGER GmbH

Zahlungsbedingung:
Zahlung innerhalb von 30 Tagen ohne Abzug, bei Zahlungen innerhalb von 8 Tagen mit 2 % Skonto

Im Oktober 20. . ergeben sich u. a. folgende Geschäftsfälle:

1. 2.10. A 4270 Warenverkauf an Norbert Leser e. U., Reifenfachhandel (20010) laut Bestellung vom 29. September, Ausstellung des Lieferscheines und der Faktura, Verbuchung

LESER REIFEN

Norbert Leser e. U.
Coburgbastei 1
1010 Wien
Tel.: +43 1 512 40 71
Fax: +43 1 512 40 71-20
Website: www.reifen-leser.at
E-Mail: office@reifen-leser.at

EINGEGANGEN 01. Okt. . .

Autoteile Hunger GmbH
Fischauer Gasse 120
2700 Wiener Neustadt
ATU23444360

Sachbearbeiter: EK/R

Datum: 29. September . .

BESTELLUNG Nr. 0649801/ . .

Art.-Nr.	Artikelbezeichnung	Menge	Einzelpreis	Gesamtpreis
1001	Alu-Felgen Aluett 6 x 14	10	58,00	EUR 580,00
1038	Winterreifen Michelin 185/65R 14 T	10	80,00	EUR 800,00
Spätester Liefertermin: 05. Oktober . .			Nettobetrag	EUR 1.380,00
Lieferung: Frei Haus			+ 20 % USt	EUR 276,00
			Rechnungsbetrag	EUR 1.656,00

2. 4.10. S 445 An den Kunden Norbert Leser e. U., Reifenfachhandel (20010) wurden 5 Stk. Alu-Felgen Aluett 6 x 14, Art.-Nr. 1001, zu viel geliefert. Rücksendung laut Telefonat, Erstellung einer Gutschrift über € 290,00 + 20 % USt, Verbuchung

3. 5.10. A 4271 Warenverkauf an Hofer & Kramer OG (20004) laut Bestellung vom 30. September, Ausstellung des Lieferscheines und der Faktura, Verbuchung
20 Pk. Schneeketten click and drive, Art.-Nr. 1030, à € 87,50 + 20 % USt
10 Stk. Sitzheizkissen 12 Volt/60 Watt, Art.-Nr. 1032, à € 18,75 + 20 % USt

4. 6.10. A 4272 Warenverkauf an die Willibald Kren GmbH (20009) laut Onlineshop-Bestellung vom 1. Oktober, Ausstellung des Lieferscheines und der Faktura, Verbuchung

Rechnungsadresse:	Lieferadresse:		
20009	20009	Laufnummer	WEB 1494
Willibald Kren GmbH	Willibald Kren GmbH	Druckstatus	MMAA
Ruster Straße 149	Ruster Straße 149	Belegdatum	01.10.20 . .
7000 Eisenstadt	7000 Eisenstadt	Belegnummer	WEB 1494
		Kunden-UID-Nr.	ATU59543499

Artikel Bezeichnung	Menge	Preis	Rabatt	Gesamt (exkl. 20 % USt)
1009 Dachgepäcksboxen jetbag	10	200,00		2.000,00
1010 Dach-Skiaufsatz Mont Blanc universal	5	17,50		87,50
1022 Magnetskiträger worldclass carrier systems	5	52,50		262,50

5. 8.10. S 446 Rücksendung einer Packung Schneeketten click and drive vom Kunden Hofer & Kramer OG (20004), Art.-Nr. 1030, wegen eines Materialfehlers, Erstellung einer Gutschrift über € 87,50 + 20 % USt, Verbuchung

6. 11.10. S 447 Nachträglicher Preisnachlass an die Willibald Kren GmbH (20009) von 15 % auf die Lieferung vom 6. Oktober, Verbuchung

Aufgabe: Bearbeiten Sie die Geschäftsfälle anhand der Checkliste – Arbeitsschritte Warenverkäufe, Rücksendungen und Preisnachlässe. C

SbX
WINLine
ID: 0112

Ü 11.06: Warenverkäufe, Rücksendungen und Preisnachlässe

Ihr Unternehmen:

Josef Meyn hat sein Hobby zum Beruf gemacht. Da er selber leidenschaftlich gerne Bücher liest, hat er vor zwölf Jahren eine Fachbuchhandlung eröffnet.

Seine Beratung und seine Buchempfehlungen werden von den Kunden besonders geschätzt.

Basisinfo

Josef Meyn OG
Fachbuchhändler

Adresse: Sackstraße 7, 8010 Graz
Telefon: +43 316 21 44 21
Fax: +43 316 21 44 21-10

Website: www.meyn.at
E-Mail: office@meyn.at

UID-Nr.: ATU33501234
DVR: 0125270
FB: LG Graz, FN 171203w

Buchhandlung Meyn

Zahlungsbedingung:
Zahlung innerhalb von 30 Tagen ohne Abzug, bei Zahlungen innerhalb von 14 Tagen mit 2 % Skonto

Im Juni 20. . ergeben sich u.a. folgende Geschäftsfälle:

1. 16.6. A 670 Verkauf an Brigitte Reisner e.U. (20012) laut Bestellung vom 12. Juni, Ausstellung des Lieferscheines und der Faktura, Verbuchung
   3 Stk. Windows 8 – dirty tricks, Art.-Nr. 1035, à € 15,00 + 10 % USt
   14 Stk. Windows 8, Art.-Nr. 1036, à € 35,00 + 10 % USt
   2 Stk. Windows 8 – Technische Referenz, Art.-Nr. 1037, à € 70,00 + 10 % USt

2. 16.6. A 671 Verkauf an die Siegfried Kirchner GmbH (20006) laut Fax-Bestellung vom 13. Juni, Ausstellung des Lieferscheines und der Faktura, Verbuchung

13 Juni . . 10:25 Siegfried Kirchner GmbH +43 662 6570-20 → +43 316 214421-10 #1/1

Kirchner Fachbuchhandlung

Siegfried Kirchner GmbH
Hans-Seebach-Straße 5
5023 Salzburg
Tel.: +43 1 662 87 41 42
Fax: +43 1 662 65 70-20
Website: www.kirchner.at
E-Mail: buch@kirchner.at

EINGEGANGEN 13. Juni . .

Josef Meyn OG
Sackstraße 7
8010 Graz
ATU33501234

Sachbearbeiter: H/K

Datum: 13. Juni . .

BESTELLUNG Nr. 1494/ . .

Spätester Liefertermin: 20. Juni . .
Lieferung: Per Post, frei Haus

Art.-Nr.	Artikelbezeichnung	Menge	Einzelpreis	Gesamtpreis
1014	Finanzbuchführung, Vom Geschäftsfall bis zum Jahresabschluss	5	25,00	EUR 125,00
1016	Handbuch Kostenrechnung	8	21,00	EUR 168,00
1019	Kostenrechnung – Deckungsbeitragsrechnung	5	18,00	EUR 90,00
			Nettobetrag	EUR 383,00
			+ 10 % USt	EUR 38,30
			Rechnungsbetrag	EUR 421,30

3. 17.6. S 332 Wegen falscher Liefermenge werden von der Kundin Brigitte Reisner e.U. (20012) 3 Stk. Windows 8, Art.-Nr. 1036, zurückgesandt, Erstellung einer Gutschrift über € 105,00 + 10 % USt, Verbuchung

4. 19.6. A 672 Verkauf an den Kunden Norbert Wallner e. U. (20016) laut Onlineshop-Bestellung vom 15. Juni, Ausstellung des Lieferscheines und der Faktura, Verbuchung

Rechnungsadresse:	Lieferadresse:		
20016	20016	Laufnummer	WEB 672
Norbert Wallner e.U.	Norbert Wallner e.U.	Druckstatus	MMAA
Marburger Kai 40	Marburger Kai 40	Belegdatum	19.06.20 . .
8010 Graz	8010 Graz	Belegnummer	WEB 672
		Kunden-UID-Nr.	ATU38309200

Artikel Bezeichnung	Menge	Preis	Rabatt	Gesamt (exkl. 10 % USt)
1012 Der Fürst, Niccolo Machiavelli	3	8,00		24,00
1024 Mit Haien sprechen, Erich Ritter	20	20,00		400,00
1029 Schachnovelle, Stefan Zweig	5	5,00		25,00

5. 21.6. S 333 Rücksendung durch den Kunden Norbert Wallner e. U. (20016) von 10 Stk. Mit Haien sprechen, Erich Ritter, Art.-Nr. 1024, Erstellung der Gutschrift über € 200,00 + 10 % USt, Verbuchung

6. 23.6. S 334 Im Rahmen des Transportes an die Siegfried Kirchner GmbH (20006) sind an den Büchern Transportschäden aufgetreten. Es wird ein nachträglicher Rabatt von 10 % gewährt, Verbuchung

Aufgabe: Bearbeiten Sie die Geschäftsfälle anhand der Checkliste – Arbeitsschritte Warenverkäufe, Rücksendungen und Preisnachlässe. C

Wissen

Ein kurzer Kompetenz-Check, bevor's weitergeht!

Kompetenz-Check

	☺	😐	☹
Ich kann Lieferscheine, Ausgangsrechnungen bzw. Gutschriften erstellen und deren Werte in der Buchführung, der Offene-Posten-Verwaltung sowie in der Lagerbuchführung erfassen.			
Ich kann das Buchungsjournal, die Offene-Posten-Auswertungen, das Artikeljournal, die Kundenkonten und weitere vom Geschäftsfall betrofffene Konten ausdrucken.			

Lerneinheit 4

Rechnungsausgleich

Lernen

Markieren Sie im nachfolgenden Text die Antworten auf folgende Fragen:

- **Wann ist der Zeitpunkt des Rechnungsausgleichs?**
- **Welche Belege bilden die Buchungsgrundlage für den Rechnungsausgleich?**
- **Welche Arbeitsschritte ergeben sich beim Rechnungsausgleich?**

Zahlung

Der **Zeitpunkt des Rechnungsausgleichs** ist abhängig von den zwischen Verkäufer und Käufer vereinbarten **Zahlungsbedingungen** (Zahlungskonditionen).

Ist in den Zahlungsbedingungen bei Zahlung innerhalb der Kassafrist ein **Skontoabzug** vereinbart, so ist dieser in der Buchführung zu erfassen. Meist erfolgt die **Verbuchung des Skontos automatisch,** wenn die entsprechenden Daten in der Offene-Posten-Verwaltung erfasst wurden.

Buchungsgrundlage

Der Rechnungsausgleich wird aufgrund von **Bestätigungen über Barzahlungen** (Kassaquittungen) und **Bankbelegen** (Kontoauszüge mit den beiliegenden Belegen) in der **Finanzbuchführung** und in der **Offene-Posten-Verwaltung** erfasst.

Darstellung: Rechnungsausgleich (Zahlung)

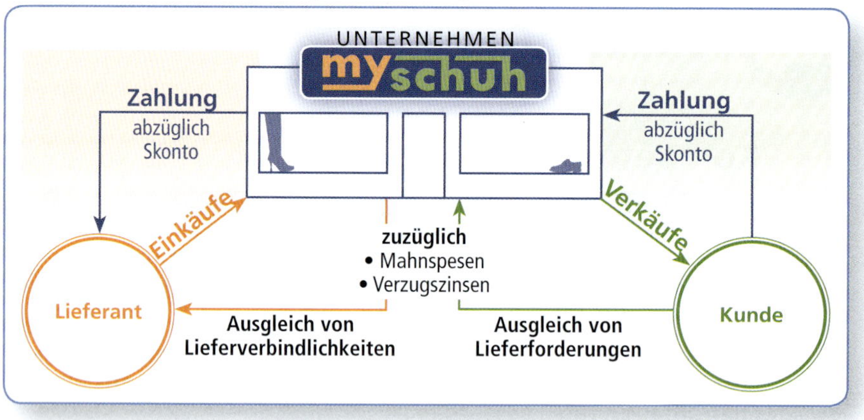

Darstellung: Bankeingang € 1.617,00 des Kunden Willibald Kren GmbH (20009) – Abbildung des Kundenkontos, der Offene-Posten-Positionen, des Bankkontos und des Buchungsjournals

Bank Austria
Member of UniCredit

KONTOAUSZUG
01554

Erhard Drexler e.U.

Datum	Auszug/Blatt	Währung	IBAN
12.01.20..	004 0001	EUR	AT52 1200 0082 4010 8400

Buchungsnr./Buchungstitel	Wert	Betrag
11.01. Gutschrift Erhard Drexler e.U., Dornbirn A 8, 4.1.20.. - 2% Skonto € 33,00	11.01.	1.617,00

AT **Kommerzbank AG** ZAHLUNGSANWEISUNG

EmpfängerIn Name/Firma: Erhard Drexler e.U., Dornbirn
IBAN EmpfängerIn: AT521200008240108400
BIC (SWIFT-Code) der Empfängerbank: BKAUATWW
Ein BIC ist immer verpflichtend, wenn der EmpfängerIn IBAN ungleich AT beginnt.
EUR Betrag: 1.617,00
Nur zum maschinellen Befüllung der Zahlungsreferenz
Prüfziffer
Verwendungszweck: A 8, 4.1.20..
– 2 % Skonto € 33,00
IBAN KontoinhaberIn/AuftraggeberIn: AT772035100714080247
KontoinhaberIn/AuftraggeberIn Name/Firma: Willibald Krenn GmbH, 6830 Rankweil
006
30+
Unterschrift ZeichungsberechtigteR

Kontoblatt
(Vorabausdruck)
Erhard Drexler e.U.
Mandant UEBE
Jahr 20..
Seite 1
Datum 11.01.20..

20009 Willibald Kren GmbH

B.nr.	Datum	Per.	BA	Bel.Nr.	Text	Kontonr.	EUR Soll	EUR Haben	%	SZ	Steuer
40	04.01.20..	1	DF	FA-8	F/G FA-8	4000	1.650,00		20	2	
63	11.01.20..	1	DZ	B4	A8, 2 % Skonto	2800		1.617,00			
63	11.01.20..	1	B	B4	Skonto FA-8	4410		33,00	20	2	

Offene Posten
Erhard Drexler e.U.
Mandant UEBE
Jahr 20..
Seite 1
Datum 11.01.20..

20009 Willibald Kren GmbH

Buch.Nr.	Datum FW	Re.-Nr.	T.z.	Skonto FW-Skonto	Zahlung FW-Differenz	Erl.Kto.	OP-Kz.	Betrag FW-Betrag	Mahndatum	Stufe
40	04.01.20..	F/G FA-8			8/ 2,0 30			1.650,00		-1
63	11.01.20..	F/G FA-8	/1	33,00		2800		1.617,00		-1

Offene Fakturen	0,00	G. Faktura	1.650,00	FIBU-Umsätze: Soll	1.650,00
- Teilzahlung	0,00	G. Zahlungen	1.617,00	- Haben	1.650,00
- Skontosumme	0,00	G. Skontobeträge	33,00		
- FW-Differenzen	0,00	G. FW-Diff.	0,00	Saldo EUR	
Offene Posten		durchschn. Skonto	2,00 %		

Kontoblatt
(Vorabausdruck)
Erhard Drexler e.U.
Mandant UEBE
Jahr 20..
Seite 1
Datum 11.01.20..

2800 Bankguthaben

B.nr.	Datum	Per.	BA	Bel.Nr.	Text	Kontonr.	EUR Soll	EUR Haben	%	SZ	Steuer
63	11.01.20..	1	DZ	B4	A8, 2 % Skonto	20009	1.617,00				

Buchungsjournal detailliert
Erhard Drexler e.U.
Mandant UEBE
Jahr 20..
Seite 1
Datum 11.01.20..

Buchnr	Datum Erf.	Datum	Per.	BA	Text	Belegnr.	Konto	Bezeichnung	Soll	Haben	%	SZ
63	11.01.20..	11.01.20..	1	DZ	A8, 2 % Skonto	B4	20009	Willibald Kren GmbH		1.650,00		
63	11.01.20..	11.01.20..	1	B	A8, 2 % Skonto	B4	2800	Bankguthaben	1.617,00			
63	11.01.20..	11.01.20..	1	B	Skonto FA-8	B4	4410	Kundenskonti 20 %	27,50		20	2
63	11.01.20..	11.01.20..	1	B	BMG-Kto 4410	B4	3500	Umsatzsteuer 20 %		-5,50		
63	11.01.20..	11.01.20..	1	B	BMG-Kto 4410	B4	20009	Willibald Kren GmbH		33,00		

Checkliste – Rechnungsausgleich

Bei der **Verbuchung des Rechnungsausgleiches** ergeben sich, zusammengefasst, im Allgemeinen folgende **Arbeitsschritte:**

Arbeitsschritte

Rechnungsausgleich

		ERLEDIGT
1	EINBUCHUNG des **Saldovortrages Bank** bzw. KONTROLLE des **Saldos des letzten Geschäftstages am Bankkonto**	
2	NUMMERIERUNG der **Belege**	
3	KONTIERUNG der **Überweisungen** auf den **Zahlungsbelegen** bzw. auf den entsprechenden **Kontoauszügen**	
4	EINTRAGUNG der **Buchungsanweisungen** in die **Buchungsliste** bzw. in die entsprechenden **Buchungszeilen**	
5	VERBUCHUNG der **Überweisungen** mit dem entsprechenden Softwarepaket in der **Buchführung** und in der **Offene-Posten-Verwaltung**	
6	LAUFENDE KONTROLLE, ob der **Saldo laut Bankkontoauszug** mit dem **Saldo laut Bankkonto der Buchführung** übereinstimmt	
7	AUSDRUCK des **Buchungsjournals,** KONTROLLE der **Buchungen**	
8	ERSTELLUNG von **Offene-Posten-Auswertungen,** KONTROLLE der **offenen Posten**	

Üben

SbX ID: 0112

A B C D E

SbX
WINLine Buchungstrainer ID: 0112

Ü 11.07: Rechnungsausgleich

Ihr Unternehmen:

Im Mittelpunkt der Geschäftstätigkeit des Installationsunternehmens Erhard Drexler e. U. stehen zum einen der Verkauf von Badezimmer-Equipment und zum anderen Installationstätigkeiten.

In jüngerer Vergangenheit hat sich auch die Planung von Bädern zu einem wichtigen Standbein im Unternehmen entwickelt.

Basisinfo

Erhard Drexler e. U.
Installateur

Adresse: Messerstraße 2, 6854 Dornbirn
Telefon: +43 5572 21 40 24
Fax: +43 5572 21 40 24-10

Website: www.drexler.at
E-Mail: office@drexler.at

UID-Nr.: ATU44538871
DVR: 0087450
FB: LG Feldkirch, FN 135176p

Drexler

Der Saldovortrag des Bankkontos beträgt am 1. Jan. 20 . . € 6.291,81 (Bankguthaben). Im Jänner 20 . . ergeben sich u. a. folgende Geschäftsfälle:

2.1. B 1 Zahlung des Kunden Norbert Leser e. U. (20010) € 1.420,00 für die A 4176 vom 12. Dez.
Überweisung an die Walter Polzer GmbH (33019) € 2.530,00 für die R 3957 vom 20. Dez.
Überweisung Miete Jänner € 730,00 + € 146,00 USt = € 876,00

	BA[1]	Datum	Soll	Haben	Beleg Nr.	OP-Nummer	Text	Betrag	USt-Betrag	USt-%
2										

Neuer Kontostand laut Kontoauszug: € 4.305,81[3]

4.1. B 2 Überweisung an die Waltraud Woller KG (33031) € 2.485,00 für die R 7964 vom 5. Nov.[4]

Zahlung des Kunden Hofer & Kramer OG (20004) € 1.950,00 für die A 4185 vom 15. Dez.

Bank Austria
Member of UniCredit

KONTOAUSZUG
01554

Erhard Drexler e.U.

Datum	Auszug/Blatt	Währung	IBAN
04.01.20..	002 0001	EUR	AT52 1200 0082 4010 8400

Buchungsnr./Buchungstitel	Wert	Betrag
03.01. Online-Auftrag vom 02.01. Empfänger: Waltraud Woller KG IBAN: AT146000000070000240 BIC: OPSKATWW R 7964, 5.11.20.. 20789	02.01.	2.485,00-
03.01. Gutschrift a/Hofer & Kramer OG siehe Belegnummer : 123153786800353	04.01.	1.950,00

BIC BKAUATWW
JA507-08.2009

alter Kontostand	Summe der Belastungen	Summe der Gutschriften	neuer Kontostand
4.305,81	2.485,00-	1.950,00	3.770,81

JTP2 40 013109 Firmenname: **UniCredit Bank Austria AG,** Firmensitz: 1010 Wien, Schottengasse 6–8, Firmenbuchgericht: Handelsgericht Wien, FN 150714p, DVR 0030066

Bank Austria
UniCredit Group
Member of UniCredit

BusinessNet

Montag, 02.01.20.. 14:13:56 CET

Erhard Drexler e.U.

Neuer Auftrag

Auftragsart: Inlandsauftrag

Auftraggeber

Konto: AT521200008240108400
Name: Erhard Drexler e. U.
Interne Notiz:
Vertraulichkeit:
Payment ID: 7i8064f2-abcd-71

Empfänger

Name: Waltraud Woller KG
IBAN: AT146000000070000240
BIC: OPSKATWW
Geschäftsvorfall:
Kundendaten: 20789

Datenübertragung

Termin: 02.01.20. .
Betrag: EUR 2.485,00
Zahlungsgrund: R 7964, 5.11.20 . .

[1] Wird das WINLine-Programm eingesetzt, so ist beim Ausgleich von Eingangsrechnungen die Buchungsart – KZ –, beim Ausgleich von Ausgangsrechnungen die Buchungsart – DZ – zu verwenden.

[2] Erstellung der Buchungsanweisung für den Saldovortrag des Bankkontos.

[3] Nach Erfassung der Geschäftsfälle ist der neue Kontostand laut Kontoauszug mit dem Saldo des Bankkontos abzustimmen.

[4] Die Überweisung an den Lieferanten Waltraud Woller KG erfolgt mit Electronic Banking. Nach Abschluss des Überweisungsvorganges durch Eingabe einer Transaktionsnummer wird eine Übersicht über die getätigten Überweisungen ausgedruckt.

Überweisung durch BKAUATWW 03.01.20.. Bel:123153786800353 08240 108 400
UniCredit Bank Austria AG Verrechnungskonto Gutschrift

IBAN EmpfängerIn: AT521200008240108400 EmpfängerIn: Erhard Drexler e.U. BIC: BKAUATWW

Zahlungsgrund: A 4185, 15.12.20..

EUR 1.950,00

Konto-Nr. AuftraggeberIn: AT711100056034081001 AuftraggeberIn: Hofer & Kramer OG Wert: 04.01

JTP2 16 015537 08240108400+ 00012000> 0000195000< 43+

BA	Datum	Soll	Haben	Beleg Nr.	OP-Nummer	Text	Betrag	USt-Betrag	USt-%

9.1. B 3 Zahlung des Kunden Willibald Kren GmbH (20009) € 1.293,60 (€ 1.320,00 abzüglich € 26,40 Skonto) für die A 2 vom 2. Jänner

Überweisung an die Renault Dornbirn GmbH (33022) für Service- und Reparaturarbeiten am Firmen-Lkw (R 0201806 vom 27. Dezember) € 752,00

BA	Datum	Soll	Haben	Beleg Nr.	OP-Nummer	Text	Betrag	USt-Betrag	USt-%

Neuer Kontostand laut Kontoauszug: € 4.312,41

14.1. B 4 Überweisung Kommunalsteuer € 132,00
Überweisung an das Finanzamt € 2.024,16 (USt 1.360,90, LSt € 448,10, DB € 198,00, DZ € 17,16)

BA	Datum	Soll	Haben	Beleg Nr.	OP-Nummer	Text	Betrag	USt-Betrag	USt-%

Neuer Kontostand laut Kontoauszug: € 2.156,25

Aufgabe: a) Bearbeiten Sie die Geschäftsfälle anhand der Checkliste – Arbeitsschritte Rechnungsausgleich. C

b) Drucken Sie das Konto und die Offene-Posten-Auswertung des Kunden Norbert Leser e.U. (20010) und des Lieferanten Waltraud Woller KG (33031) aus und kontrollieren Sie die Werte. C

SbX
WINLine Buchungstrainer ID: 0112

Ü 11.08: Rechnungsausgleich

Ihr Unternehmen:

Die Lippitsch GmbH installiert und wartet Netzwerke für kleine und mittelständische Unternehmen. Der Handel mit der entsprechenden Hardware bildet den zweiten wichtigen Geschäftsbereich des Unternehmens.

Basisinfo

Lippitsch GmbH
EDV-Netzwerke

Adresse: Klagenfurter Straße 11, 9100 Völkermarkt
Telefon: +43 4232 342 02
Fax: +43 4232 342 02-5

Website: www.lippitsch.at
E-Mail: office@lippitsch.at

UID-Nr.: ATU21213452
DVR: 0044501
FB: LG Klagenfurt, FN 190951k

Lippitsch GmbH

Saldo des Bankkontos am 24. Okt. 20. . € 774,00 (Bankguthaben). Im Oktober 20 . . ergeben sich weiters folgende Geschäftsfälle:

25.10. B 128 Überweisung an die Lieferantin Wally Seifried e. U. (33027) für die R 558702 vom 27. September € 2.620,00

Zahlung des Kunden Siegfried Kirchner GmbH (20006) für die A 5221 vom 28. September über € 7.850,00

BA	Datum	Soll	Haben	Beleg Nr.	OP-Nummer	Text	Betrag	USt-Betrag	USt-%
1									

Neuer Kontostand laut Kontoauszug: € 6.004,00

27.10. B 129 Der Kunde Martin Hauser (20003) überweist für die A 5175 vom 8. September € 3.660,00.

Überweisung an den Lieferanten Büro AG (33005) für die Lieferung mehrerer Büroschränke, R 0409205 vom 13. Oktober, € 3.540,00

Lippitsch GmbH
Klagenfurter Straße 11
9100 Voelkermarkt

Buchungen berücksichtigt bis Datum: 27.10.20..
IBAN: AT06 1700 0004 1061 2440
Währung: EUR
BIC: AABKATZK
Auszug 129/1

Bg.Tag	Wert	Buchungstext	Betrag
25.10.	27.10.	Martin Hauser, 9500 Villach A 5175, 08.09.20..	3.660,00+
27.10.	27.10.	Büro AG, 9020 Klagenfurt a. W. R 0409205 vom 13.10.20..	3.540,00-

Alter Kontostand	Neuer Kontostand
6.004,00+	6.124,00+

Jetzt können Sie Bankgeschaefte auch per Telefon erledigen:
Kostenlos von 7:00 bis 19:00 Uhr, Infos +43 463 50 10 20-0

AAB
Alpe-Adria-Bank

AT AAB Alpe-Adria-Bank — ZAHLUNGSANWEISUNG

EmpfängerIn Name/Firma: Lippitsch GmbH, 9100 Voelkermarkt
IBAN EmpfängerIn: AT061700000410612440
BIC (SWIFT-Code) der Empfängerbank: AABKATZK
Ein BIC ist immer verpflichtend, wenn der EmpfängerIn IBAN ungleich AT beginnt.
EUR — Betrag: 3.660,00
Nur zur maschinellen Befüllung der Zahlungsreferenz — Prüfziffer
Verwendungszweck: A 5175, 08.09.20..
IBAN KontoinhaberIn/AuftraggeberIn: AT862051000004752240
KontoinhaberIn/AuftraggeberIn Name/Firma: Martin Hauser, 9500 Villach
006
Martin Hauser
Unterschrift ZeichnungsberechtigteR
30+

¹ Erstellung der Buchungsanweisung für den Saldovortrag des Bankkontos.

AAB Alpe-Adria-Bank

Ü b e r n a h m e b e s t ä t i g u n g

Empfänger/in:	Büro AG, 9020 Klagenfurt a. W.
BIC / IBAN: **Bank Empfänger/in:**	KMAGATWW / AT701245200748618403 Kommerzbank AG
Auftraggeber/in:	LIPPITSCH GMBH Klagenfurter Straße 11, 9100 Voelkermarkt
BIC / IBAN:	AABKATZK / AT061700000410612440
Betrag:	3.540,00 EUR
Verwendungszweck:	R 0409205 vom 13.10.20..
Kundendaten:	208104415

Verfüger/in: Lippitsch GmbH **Datum:** 27.10.20 . . **Uhrzeit:** 11:10

Art: Inlandsüberweisung **TAN:** 12-KIXJ5 **Bestandskontrollnummer:** DBL1KOZ

BA	Datum	Soll	Haben	Beleg Nr.	OP-Nummer	Text	Betrag	USt-Betrag	USt-%

28.10. S 557 Gutschrift an den Kunden Norbert Wallner e. U. (20016) für zurückgegebenes Material aus Netzwerkverkabelungsarbeiten (A 5199 vom 15. Oktober über € 5.232,00) € 186,00 (inkl. 20 % USt)

BA	Datum	Soll	Haben	Beleg Nr.	OP-Nummer	Text	Betrag	USt-Betrag	USt-%

29.10. S 558 Gehälter Oktober:

Brutto € 5.090,00, SV-DNA € 919,76, einbehaltene Lohnsteuer € 454,77, netto € 3.715,47

Folgende Gehaltsnebenkosten wurden errechnet:

SV-DGA € 1.189,03
DB € 229,05
DZ € 20,87
KommSt € 152,70

BA	Datum	Soll	Haben	Beleg Nr.	OP-Nummer	Text	Betrag	USt-Betrag	USt-%

30.10. B 130 Überweisung der Nettobezüge von € 3.715,47

BA	Datum	Soll	Haben	Beleg Nr.	OP-Nummer	Text	Betrag	USt-Betrag	USt-%

Neuer Kontostand laut Kontoauszug: € 2.408,53

Aufgabe: a) Bearbeiten Sie die Geschäftsfälle anhand der Checkliste – Arbeitsschritte Rechnungsausgleich. C

b) Drucken Sie das Konto und die Offene-Posten-Auswertung des Lieferanten Büro AG (33005) aus und kontrollieren Sie die Werte. C

Wissen

Ein kurzer Kompetenz-Check, bevor's weitergeht!

Kompetenz-Check

	☺	😐	☹
Ich kann Überweisungen in der Buchführung und in der Offene-Posten-Verwaltung erfassen.			
Ich kann das Buchungsjournal, die Offene-Posten-Auswertungen und die vom Geschäftsfall betroffenen Konten ausdrucken.			

Lerneinheit 5

Erfassung von Anlagegegenständen

Lernen

Markieren Sie im nachfolgenden Text die Antworten auf folgende Fragen:

- **Welche Daten sind in der Anlagenbuchführung mindestens zu erfassen?**
- **Welche Arbeitsschritte ergeben sich bei der Anschaffung von Anlagegegütern und der Abschreibung im Rahmen der Jahresabschlussarbeiten?**

Das Anlagevermögen ist vielfach ein **bedeutender Teil des Gesamtvermögens** der Unternehmen. **Neuanschaffungen** von Vermögensgegenständen des Anlagevermögens werden in der **Finanzbuchführung** auf den **entsprechenden Konten** (Kontenklasse 0) sowie in der **Anlagenbuchführung** (Anlagendatei) erfasst.

Zur **Erfassung von Anlagenkäufen** in der **Finanzbuchführung** und in der **Offene-Posten-Verwaltung** siehe die Ausführungen in der Lerneinheit 2 zu den Wareneinkäufen, Rücksendungen und Preisnachlässen.

Darstellung: Erfassung von Anlagegegenständen

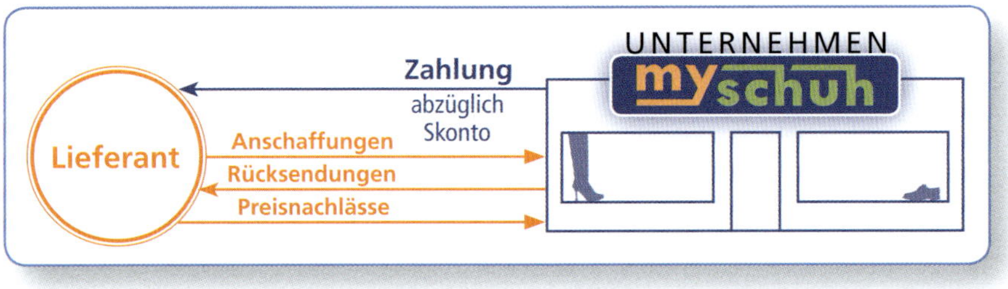

Anlagenbuchführung – Daten

Die Anschaffung von Anlagen, die Ermittlung des Anschaffungswertes, des Abschreibungsbetrages und des Buchwertes sowie die Erfassung von Anlagegütern im Anlagenverzeichnis waren Teil des Kapitels 4 Einnahmen-Ausgaben-Rechnung, Lerneinheit 5, Unternehmensrechnung I.

Die **Verbuchung der Abschreibung** erfolgt bei Einsatz eines Softwarepaketes in der Regel **automatisch.**

In der **Anlagenbuchführung** sind mindestens folgende Daten zu erfassen:

- laufende Nummer bzw. Inventarnummer
- Datum der Anschaffung oder Herstellung sowie der Inbetriebnahme
- Bezeichnung des Anlagegegenstandes
- Name und Anschrift des Lieferanten
- Anschaffungswert
- voraussichtliche Nutzungsdauer
- Abschreibungssatz
- jährlicher Abschreibungsbetrag
- Restbuchwert am Ende der Abschlussperiode

Im Rahmen der **Jahresabschlussarbeiten** werden **in der Anlagenbuchführung** die **Abschreibungsbeträge** und die **Buchwerte** ermittelt sowie die **Verbuchung der Abschreibungsbeträge** des Abschlussjahres **in der Finanzbuchführung** vorgenommen.

Bei **Ausscheiden von Anlagegütern**, z. B. durch Verkauf, ist die **Ausbuchung der Anlagen** auf den jeweiligen **Konten** vorzunehmen und der **Abgang im Anlagenverzeichnis** durchzuführen.

Darstellung: Anschaffung eines Servers durch die Internetagentur Hannelore Sommeregger e.U., Linz; Erfassung in der Finanz- und Anlagenbuchführung, Durchführung der Abschreibung

CCP Computer Handels GmbH
Winetzhammerstraße 6, 4030 Linz
Telefon: +43 732 377 775-0
Telefax: +43 732 377 775-3
e-mail: ccplinz@ccp.at
Website: www.ccp.at

CCP Computer Contact Point

E 891

RECHNUNG

BELEG-NR	KD-NR	DATUM
00E/4062648	20093	15.05.20 . .

Hannelore Sommeregger e.U.
Internetagentur
Hauptstraße 2
4040 Linz

EINGEGANGEN 16. MAI 20 . .

Auftrags-Nummer: 00E/6007187
Lieferschein: 00E/K007104 12.05.20 . .
Bestelldaten: 10.05.20 . .
Kunden-UID-Nummer: ATU28818704

Pos.	Artikelbezeichnung	Menge	Einzelpreis	Gesamtpreis
1	Server IBM	1 Stk.	3.528,00	3.528,00
2	IBM 8 GB RAM	2 Stk.	128,50	257,00
3	Frachtpauschale	1 Mal	15,00	15,00
4	IBM 146 GB HARD DISK 2.5in	2 Stk.	300,00	600,00

		Nettobetrag EUR	USt %	USt-Betrag	Gesamtbetrag EUR
		4.400,00	20 %	880,00	5.280,00

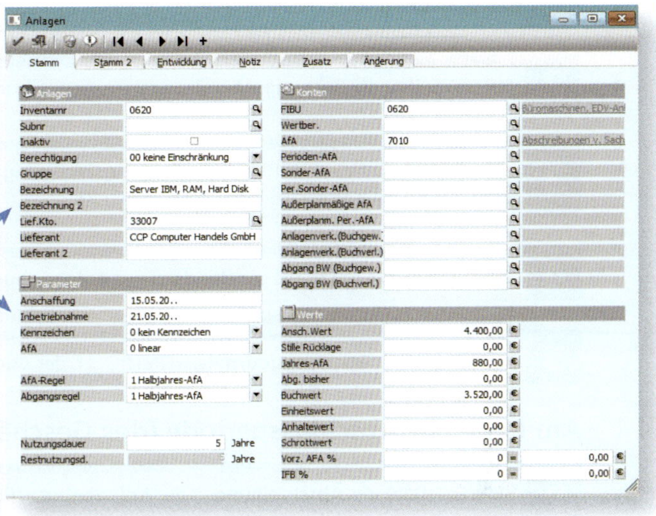

Anlagenverzeichnis

per 31.12.20 . .

Inventar-Nr. Konto Datum Inbetr.nahme	Bezeichnung GND (Jahre) RND (Jahre)	Anschaffungswert	Zugang Abgang	Buchwert Anfang (1.1.) Abschreibung Buchwert Ende (31.12.)
6020 0620 21.05.20 . .	Server IBM, RAM, Hard Disk 5 4	4.400,00	4.400,00	4.400,00 880,00 3.520,00

0620					**Büromaschinen, EDV-Anlagen**						
B.nr.	Datum	Per.	BA	Bel.Nr.	Text	Kontonr.	EUR Soll	EUR Haben	%	SZ	Steuer
4618	15.05.20 . .	5	KF	E891	00E4062648	33007	4.400,00		20	7	880,00
10010	31.12.20 . .	13	AB	U051	Abschreibung	7010		880,00			

Salden lt. Ausdruck	3.520,00	Umsatz lt. Ausdruck	4.400,00	880,00	VSt	880,00
Ausdr. mit Vorz.	3.520,00	Umsatz mit Vorz.	4.400,00	880,00		
Konto	3.520,00	Summe	4.400,00	880,00		
EB/AB	- 880,00	Summen o. EB/AB	4.400,00			

Checkliste – Anlagenkäufe und Abschreibung

Bei der **Bearbeitung von Anlagenkäufen** und deren **Abschreibung** ergeben sich, zusammengefasst, im Allgemeinen folgende **Arbeitsschritte:**

Arbeitsschritte

Anlagenkäufe und Abschreibung[1]

		ERLEDIGT
1	**NUMMERIERUNG** und **KONTIERUNG** der **Eingangsrechnungen**	
2	**EINTRAGUNG** der **Buchungsanweisungen** in die **Buchungsliste** bzw. in die entsprechende **Buchungszeile**	
3	**ERFASSUNG** und **VERBUCHUNG** der **Eingangsrechnungen** in der **Finanzbuchführung** und in der **Offene-Posten-Verwaltung** des entsprechenden Softwarepaketes	
4	**ERFASSUNG** der **Anlagegegenstände** in der **Anlagenbuchführung**	
5	**AUSDRUCK** des **Buchungsjournals, KONTROLLE** der **Buchungen**	

Am Ende der Abschlussperiode (des Geschäftsjahres)[2]

6	**BERECHNUNG** der **Abschreibung** in der **Anlagenbuchführung**	
7	**AUSDRUCK** des **Anlagenverzeichnisses**	
8	**ERFASSUNG** und **VERBUCHUNG** der **Abschreibung** in der **Finanzbuchführung**	
9	**AUSDRUCK** des **Buchungsjournals, KONTROLLE** der **Buchungen**	

Üben

SbX ID: 0112

A B C D E

SbX

WINLine ID: 0112

Ü 11.09: Erfassung von Anlagegegenständen

Ihr Unternehmen:

Als leidenschaftlicher Motorradfahrer führt Otto Gastl ein Handelsunternehmen für Motorräder, Motorroller und seit einigen Jahren auch E-Bikes.

In einer Fachwerkstatt im hinteren Bereich des Shops werden Schäden behoben und Überprüfungen nach § 57a Kraftfahrgesetz durchgeführt.

Im **§ 57a des Kraftfahrgesetzes** ist die periodische Überprüfung von Fahrzeugen geregelt, allgemein bekannt unter – das **„Pickerl"**.

Basisinfo

Otto Gastl e. U.
Handel mit Zweirädern

Adresse: Bahnhofstraße 12, 6112 Wattens in Tirol
Telefon: +43 5224 524 810
Fax: +43 5224 524 810-10

Website: www.gastl-motorrad.at
E-Mail: office@gastl-motorrad.at

UID-Nr.: ATU31133608
DVR: 0101403
FB: LG Innsbruck, FN 39215w

GASTL MOTORRÄDER

[1] Die **Anschaffung** von **Anlagen**, die **Ermittlung** des **Anschaffungswertes**, des **Abschreibungsbetrages** und des **Buchwertes** sowie die **Erfassung von Anlagegütern im Anlagenverzeichnis** wurden im Kapitel 4 Einnahmen-Ausgaben-Rechnung, Lerneinheit 5, Unternehmensrechnung I, dargestellt.

[2] Die **Verbuchung der Abschreibung** erfolgt mittels Softwarepaket automatisch. Der entsprechende Buchungssatz lautet: **7010 Abschreibungen von Sachanlagen / 0 . . . Anlagenkonto.** Eine detaillierte Darstellung dazu erfolgt in Unternehmensrechnung III.

Im März 20. . ergibt sich u. a. folgender Geschäftsfall:

18.3. E 554 Anschaffung eines Rasentraktors zur Reinigung und Pflege der Rasenflächen des Firmengeländes von der Bauland GmbH (33004)

BAULAND

BAULAND GmbH
6020 Innsbruck, Eduard-Bodem-Gasse 6
Tel. +43 512 342 180-0, **Fax:** +43 512 342 180-20
E-mail: office@bauland.at
Website: www.bauland.at

FN 147158v, LG Innsbruck, UID: ATU45400105
Erfüllungsort und Gerichtsstand ist Innsbruck. Eigentumsvorbehalt bis zur vollständigen Bezahlung gemäß Pkt. 8, der umseitigen Verkaufs- und Lieferbedingungen.

Otto Gastl e.U.
Handel mit Zweirädern
Bahnhofstraße 12
6112 Wattens

EINGEGANGEN 19. März . .

RECHNUNG RE 61622101

Auftrag-Nr. : 61197756 Seite : 1
Kunden-Nr. : 20515 Datum : 18/03/20 . .
Kunden-UID-Nr. : ATU31133608

Lieferschein : 61528897 vom : 17/03/20 . .
Versandart : Lagerabholung
Bestellung : Hr. Gastl
Sachbearbeiter : Hr. Rigelnik

Pos.	Art.Nr.	Bezeichnung	Menge	Preis	Betrag
01	405782	Rasentraktor Alko T1000 HD, stufenloser Hydrostatantrieb, 6-fache zentrale Schnitthöhenverstellung elektromagnetische Messerkupplung Maße: 232x109x112cm Motor: Briggs & Stratton VC, 14,5kW Gewicht: 204kg Schnittbreite: 102cm (2 Messer) Boxvolumen: 220l	1,00 Stk.	2.370,00	2.370,00

Netto-Wert : 2.370,00 EUR
Umsatzsteuer : 20 % 474,00 EUR

Summe Netto : 2.370,00 EUR
Summe USt : 474,00 EUR

Endbetrag : 2.844,00 EUR

Zahlung innerhalb von 14 Tagen ohne Abzug!

Weitere Daten zur Anlagenbuchführung: Inventarnummer 4001, Inbetriebnahme am 20. März 20. ., Nutzungsdauer acht Jahre; direkte Abschreibung

Aufgabe: a) Bearbeiten Sie den Geschäftsfall entsprechend der Checkliste – Arbeitsschritte Anlagenkäufe und Abschreibung. C

b) Drucken Sie das Konto 0400 Maschinen und das Anlagenverzeichnis, eingeschränkt auf die Inventarnummer 4001, aus und kontrollieren Sie die Werte. C

SbX
WINLine
ID: 0112

Ü 11.10: Erfassung von Anlagegegenständen

Ihr Unternehmen:

Das Geschäftsfeld des Unternehmens Antonia Mauer Natursteine GmbH umfasst die Bearbeitung von und den Handel mit Natursteinen.

Besonders italienischer Marmor erfreut sich bei den Kunden einer großen Beliebtheit. Für Visualisierungen und Kundenpräsentationen wurde ein eigener Raum eingerichtet.

Basisinfo

Antonia Mauer Natursteine GmbH

Adresse: Puntigamer Straße 60, 8041 Graz
Telefon: +43 316 43 56 53-0
Fax: +43 316 43 56 53-15

Website: www.natursteine.at
E-Mail: verkauf@natursteine.at

UID-Nr.: ATU28763004
DVR: 0027403
FB: LG Graz, FN 10438a

MAUER Natursteine

Im Oktober 20 . . ergibt sich u. a. folgender Geschäftsfall:

13.10. E 1098 Kauf eines Multimedia-Projektors für den Kunden-Präsentationsraum des Unternehmens von der Medientechnik GmbH (33017)

M E D I E N T E C H N I K G m b H

MEDIENTECHNIK GmbH
Percostraße 1
1220 Wien

Telefon: +43 1 213 10 10
Fax : +43 1 213 10 45
UID-Nr.: ATU14720006

Antonia Mauer Natursteine GmbH
Puntigamer Straße 60
8041 Graz

Kunden-UID-Nummer: ATU28763004

R E C H N U N G 14502

Wien am 13.10...

EINGEGANGEN 13. Okt. . .

Aus Beleg 7007395
Ihre Bestellung vom 09.10...
Bestellung erfolgt durch: Herrn Ewald Pfister

Multimedia-Projektor NEC-NP3250, XGA 1024x768, Lichtleistung 5.000 ANSI Lumen (ECO-Mode 4.000 AL), Lampenlebensdauer: ca. 2.000 Std. (ECO-Mode 3.000 Std.), 5 Wechselobjektive, Plug & Play (Bajonett), Netzwerkfunktion (LAN, WLAN), manueller Zoom und Fokus, Video HDTV-kompatibel, Kontrast 600:1, Gewicht 7,5 kg, Betriebsgeräusch <38 db Normalmodus (30 db ECO-Mode) Garantie: 3 Jahre europaweiter Vor-Ort-Service, Lampe max. 180 Tage — 2.700,00

Alle Beträge in EURO Netto:	2.700,00
20% USt.:	540,00
Gesamtbetrag:	**3.240,00**

ZAHLUNGSBEDINGUNGEN:
binnen Tagen mit % Skonto
binnen Tagen mit % Skonto
bzw. binnen 14 Tagen ohne jeden Abzug (danach 1% Verzugszinsen/Monat)

Weitere Daten zur Anlagenbuchführung: Inventarnummer 6201, Inbetriebnahme am 18. Okt. 20 . . , Nutzungsdauer fünf Jahre; direkte Abschreibung

Aufgabe:
a) Bearbeiten Sie den Geschäftsfall entsprechend der Checkliste – Arbeitsschritte Anlagenkäufe und Abschreibung. C
b) Drucken Sie das Konto 0620 Büromaschinen, EDV-Anlagen und das Anlagenverzeichnis, eingeschränkt auf die Inventarnummer 6201, aus und kontrollieren Sie die Werte. C

Wissen

Ein kurzer Kompetenz-Check, bevor's weitergeht!

Kompetenz-Check

	☺	😐	☹
Ich kann die Anschaffung von Anlagegegenständen in der Buchführung verbuchen.			
Ich kann Anlagegegenstände in der Anlagenbuchführung erfassen.			
Ich kann die Berechnung der Abschreibung durchführen.			
Ich kann die Verbuchung der Abschreibung in der Finanzbuchführung vornehmen.			
Ich kann das Anlagenverzeichnis, das Buchungsjournal, die Offene-Posten-Auswertungen und die vom Geschäftsfall betroffenen Konten ausdrucken.			

Lerneinheit 6

Zusammenfassendes Fallbeispiel

Üben

SbX ID: 0112

A B C D E

Das Fallbeispiel umfasst die **Verbuchung von Kassabelegen und Wareneinkäufen, Erstellung von Lieferscheinen und Fakturen** sowie von **Gutschriften für Rücksendungen von Kunden**, von **Rücksendungen an Lieferanten**, von **Preisnachlässen** und **Zahlungen** samt deren **Verbuchung**.

SbX
WINLine Buchungstrainer ID: 0112

Ü 11.11: Fallbeispiel

Ihr Unternehmen:

Franz Meiditsch handelt mit hochwertiger Unterhaltungselektronik wie Fernsehern, Heimkinosystemen und Hi-Fi-Anlagen.

Neben der Beratung und dem Verkauf bietet die Franz Meiditsch GmbH auch ein Vor-Ort-Service an. Dabei werden die Geräte geliefert, aufgestellt und vor Ort in Betrieb genommen. Dieser Service kommt bei den Kunden sehr gut an.

Basisinfo

Franz Meiditsch GmbH
Unterhaltungselektronik

Adresse: Rosentaler Straße 23, 9020 Klagenfurt a. W.
Telefon: +43 463 37 21 11-0
Fax: +43 463 37 21 11-15

Website: www.meiditsch-elektronik.at
E-Mail: office@meiditsch-elektronik.at

UID-Nr.: ATU38981526
DVR: 0067791
FB: LG Klagenfurt a. W., FN 180363s

Bankverbindung:
Kärntner Sparkasse
IBAN: AT91 2070 6039 0000 0443
BIC: KSPKAT2K

Zahlungsbedingung:
Generell 30 Tage Ziel, bei Zahlungen innerhalb von 10 Tagen mit 3 % Skonto

Meiditsch

Im April 20. . ergeben sich u. a. folgende Geschäftsfälle:

1. 1.4. Saldovortrag Kassa: € 823,50
   Saldovortrag Bank: € 34.530,50 (Bankguthaben)
2. 2.4. K 334 Kauf von verschiedenen Schreibmaterialien (Papier, Ordner, Heftklammern usw.) von der Gerda Strein OG für die Verwaltung € 220,00 + € 44,00 USt = = € 264,00 gegen Barzahlung

BA	Datum	Soll	Haben	Beleg Nr.	OP-Nummer	Text	Betrag	USt-Betrag	USt-%

Kassa + oder −

3. 3.4. E 804 Wareneinkauf von der RedZac GmbH (33020), R 4570, € 4.800,00 + + € 960,00 USt = € 5.760,00; Zahlung innerhalb von 8 Tagen mit 3 % Skonto
   240 Stück Sony Blu-Ray-Player à € 20,00, Art.-Nr. 1034 (Bestand 3 Stk. à € 22,00, Verkaufspreis € 40,00)

BA	Datum	Soll	Haben	Beleg Nr.	OP-Nummer	Text	Betrag	USt-Betrag	USt-%

Artikelnummer	Datum	Menge	Preis	Betrag	Text

4. 4.4. B 84 Zahlung der Miete für die Garage des Firmen-Lkw an den Vermieter Reimund Eder durch Banküberweisung € 115,00 + € 23,00 USt = € 138,00

BA	Datum	Soll	Haben	Beleg Nr.	OP-Nummer	Text	Betrag	USt-Betrag	USt-%

5. 5.4. E 805 Einkauf von Mehrteilnehmer-SAT-Anlagen von der Hi-Fi-Point AG (33015)

HI-FI-POINT AG

DER RICHTIGE SOUND!

Neubauzeile 59

4030 Linz

EINGEGANGEN 6. Apr. . .

Franz Meiditsch GmbH
Unterhaltungselektronik
Rosentaler Straße 23
9020 Klagenfurt a. W.

Bestellung: 01.04.20 . .
Ihr Zeichen: M/H
Kunde: 20499
Kunden-UID-Nr.: ATU38981526
Datum: 05.04.20 . .

Rechnung Nr. R ZA440

Wir lieferten Ihnen auf unsere Rechnung und Gefahr am 5. April . . . Zahlbar und klagbar in Linz.

Menge	Einheit	Artikelbezeichnung	Preis EUR	Betrag EUR
60	Stück	Skymaster Digitale Mehrteilnehmer-SAT-Anlage	87,50	5.250,00
		Betrag exklusive USt	EUR	5.250,00
		+ 20 % USt	EUR	1.050,00
		Rechnungsbetrag	**EUR**	**6.300,00**

Zahlungskondition: Zahlung innerhalb von zehn Tagen abzüglich 3 % Skonto oder innerhalb von 30 Tagen ohne jeden Abzug

Laut Lagerbuchführung: Artikel-Nr. 1033, Lagerbestand 4 Stk. à € 90,00, Verkaufspreis € 140,00

BA	Datum	Soll	Haben	Beleg Nr.	OP-Nummer	Text	Betrag	USt-Betrag	USt-%

Artikelnummer	Datum	Menge	Preis	Betrag	Text

6. 7.4. S 205 Nachträglicher Preisnachlass in Höhe von 10 % auf die Lieferung vom 3. April von der RedZac GmbH (33020)

BA	Datum	Soll	Haben	Beleg Nr.	OP-Nummer	Text	Betrag	USt-Betrag	USt-%

Artikelnummer	Datum	Menge	Preis	Betrag	Text

7. 9.4. A 988 Verkauf an Techno-Center Wrann GmbH (20014) laut Bestellung vom 7. April, Ausstellung des Lieferscheines und der Faktura, Verbuchung

WRANN Techno-Center **GmbH**

Kärntner Straße 24
8010 Graz

Telefon: +43 316 455 12 33-0

E-Mail: office@wrann.at
Website: www.wrann.at
Sparkasse Graz
BIC STSPAT2C, IBAN AT68 2081 5000 0107 0762
DVR: 0024873
FN 21312y, Handelsgericht Graz
UID-Nummer: ATU24797806

Franz Meiditsch GmbH
Unterhaltungselektronik
Rosentaler Straße 23
9020 Klagenfurt a. W.

EINGEGANGEN 08. Apr. . .

Ihr Zeichen, Ihre Nachricht vom	Unser Zeichen	Ihre UID-Nummer	Datum
K/S, -	-	ATU38981526	07. Apr. ..

Bestellschein Nr. B 4483

Pos.	Artikel Nr.	Menge (Stk.)	Bezeichnung
1	1033	8	Skymaster Digitale Mehrteilnehmer-SAT-Anlage 80 cm

8. 9.4. A 989 Verkauf an Elektro Franz Mussnig e.U. (20002); Bestellung vom 6. April, Ausstellung des Lieferscheines, der Faktura und Vornahme der Verbuchung
4 Stück Skymaster Digitale Mehrteilnehmer-SAT-Anlage 80 cm, Art.-Nr. 1033, à € 140,00 + 20 % USt

40 Stück Sony Blu-Ray-Player, Art.-Nr. 1034, à € 40,00 + 20 % USt

9. 10.4. E 806 Wareneinkauf von ECS GmbH (33010), R02540, € 16.250,00 + + € 3.250,00 USt = € 19.500,00; Zahlung innerhalb eines Monats ohne Abzug

25 Stück Sharp LC40 LED LCD-TV-Gerät à € 650,00, Art.-Nr. 1031 (kein Bestand vorhanden, Verkaufspreis € 990,00)

BA	Datum	Soll	Haben	Beleg Nr.	OP-Nummer	Text	Betrag	USt-Betrag	USt-%

Artikelnummer	Datum	Menge	Preis	Betrag	Text

10. 12.4. S 206 Rücksendung einer Skymaster Digitale Mehrteilnehmer-SAT-Anlage aus dem Einkauf vom 5.4. (E 805), an die Hi-Fi-Point AG (33015), über € 87,50 + € 17,50 USt = € 105,00

BA	Datum	Soll	Haben	Beleg Nr.	OP-Nummer	Text	Betrag	USt-Betrag	USt-%

Artikelnummer	Datum	Menge	Preis	Betrag	Text

11. 12. 4. B 85 Überweisung an die RedZac GmbH (33020) zum Ausgleich der R 4570, € 5.184,00 – € 155,52 Skonto = € 5.028,48

Überweisung an die Hi-Fi-Point AG (33015) zum Ausgleich der R ZA440, € 6.195,00 – € 185,85 Skonto = € 6.009,15

BA	Datum	Soll	Haben	Beleg Nr.	OP-Nummer	Text	Betrag	USt-Betrag	USt-%

12. 15. 4. A 990 Verkauf an Jakob Müller e. U., Audio-Video-Handel (20011), Bestellung vom 12. April, Erstellung des Lieferscheines und der Faktura, Vornahme der Verbuchung

4 Stück Sharp LC40 LED LCD-TV-Gerät, Art.-Nr. 1031, à € 990,00 + 20 % USt

4 Stück Skymaster Digitale Mehrteilnehmer-SAT-Anlage 80 cm, Art.-Nr. 1033, à € 140,00 + 20 % USt

13. 16. 4. S 207 Retournierung eines Sharp LC40 LED LCD-TV-Gerätes, Art.-Nr. 1031, durch Jakob Müller e.U. (20011), entsprechend der telefonischen Vereinbarung, Gutschrift von € 990,00 + € 198,00 USt = € 1.188,00

Erstellung der Gutschrift und Verbuchung

14. 17. 4. B 86 Überweisung von Elektro Franz Mussnig e. U. (20002) für die A 989, € 2.592,00 – € 77,76 Skonto = € 2.514,24

BA	Datum	Soll	Haben	Beleg Nr.	OP-Nummer	Text	Betrag	USt-Betrag	USt-%

Aufgabe: Bearbeiten Sie die Geschäftsfälle entsprechend den in den Checklisten angeführten Arbeitsschritten.

a) Erstellen Sie die Lieferscheine, Fakturen und Gutschriften. C

b) Verbuchen Sie die Geschäftsfälle in der Finanzbuchführung, Offene-Posten-Verwaltung und Lagerbuchführung. C

c) Drucken Sie das Buchungs- und das Artikeljournal aus, kontrollieren Sie die Eingaben. C

d) Drucken Sie das Konto und die Offene-Posten-Auswertung des Kunden Jakob Müller e. U. (20011) aus und kontrollieren Sie die Werte. C

2 FALLBEISPIELE – NACH PROZESSEN

Worum geht's in diesem Kapitel?

In den prozessorientierten Fallbeispielen richten sich die unternehmerischen Abläufe nach den zugrunde liegenden Prozessen. Sie umfassen die zusammenhängenden Tätigkeiten, die bei einem Kaufvertrag anfallen, vom Bestellvorgang bis zum Ausgleich der Lieferforderung bzw. Lieferverbindlichkeit.

Diese Prozesse beinhalten

- Wareneinkäufe bei Lieferanten,
- Erfassung der Eingangsrechnungen in der Finanzbuchführung,
- Erfassung der Wareneingänge in der Lagerbuchführung,
- Kalkulation der Verkaufspreise mithilfe des Rohaufschlages,
- Abwicklung von Kundenbestellungen,
- Erstellung von Lieferscheinen und Ausgangsrechnungen sowie
- Durchführung des Rechnungsausgleiches.

Darstellung: Prozesse im Rahmen des Kaufvertrages

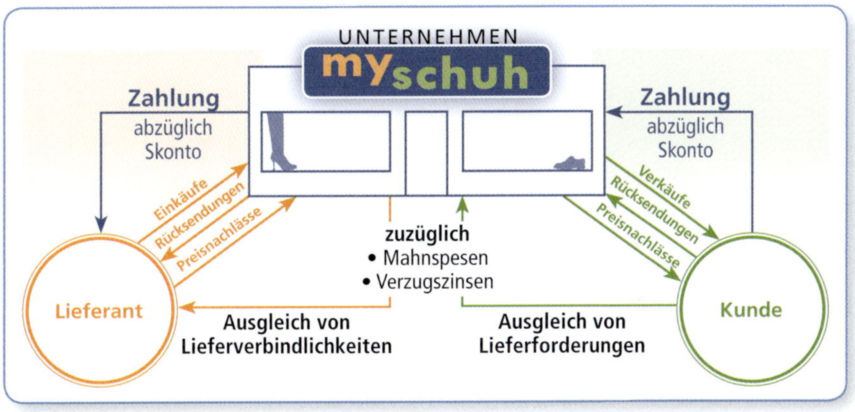

Mit der Bearbeitung dieses Kapitels erwerben Sie die in der **Bildungs- und Lehraufgabe** des aktuellen **Lehrplanes** für den **Bereich Doppelte Buchführung in der Praxis** angeführten **Kompetenzen.** Sie können

- **die Stammdatenpflege durchführen,**
- **laufende Geschäftsfälle anhand einer Belegsammlung mit einer kaufmännischen Standardsoftware verbuchen, die USt-Zahllast ermitteln, die Lagerbuchhaltung führen, fakturieren, offene Posten verwalten, ein Anlagenverzeichnis führen,**

Bildungs- und Lehraufgabe sowie **Lehrstoff** des **Lehrplanes**
↓
Kompetenzen, die Sie erwerben

Dieses Kapitel umfasst folgende Inhalte:

- **die Auswirkung der Buchungen auf die Bilanz und die Gewinn- und Verlustrechnung erkennen,**
- **die erforderlichen Auswertungen erstellen und interpretieren,**
- **Datensicherung vornehmen.**

Diesen Kompetenzen liegt folgender **Lehrstoff** zugrunde:

- **Verbuchung von laufenden Geschäftsfällen einschließlich Lager- und Anlagenbuchführung anhand einer Belegsammlung**
- **Auswertungen**
- **Stammdatenpflege, Datensicherung**

Die erworbenen **Fach-, Methoden-, Sozial- und Selbstkompetenzen** sind durch den **Einsatz von Fallstudien** vernetzt anzuwenden.

⊕ A B C D E

In diesem Kapitel finden Sie Fallbeispiele zur Kompetenzüberprüfung auf der Handlungsebene C **Anwenden.**

Die Fallbeispiele sind mit dem **Datenstand UEBE** zu bearbeiten.

Üben

Sbx ID: 0122

A B C D E
Sbx
WINLine
ID: 0122

Ü 12.01: Fallbeispiel – Electra Hitec GmbH

Ihr Unternehmen:

Das Unternehmen hat sich auf den Handel mit hochwertigen elektronischen Geräten und einen umfassenden Kundendienst spezialisiert.

Der Vertrieb erfolgt über ein Geschäftslokal in Graz sowie online mithilfe eines neu eingerichteten Webshops auf der Firmenwebsite.

Das Bankkonto weist am 9. Jan. 20 . . einen Saldo (Guthaben) von € 16.212,44 auf. Im Jänner 20 . . ergeben sich u. a. folgende Geschäftsfälle:

Basisinfo

Electra Hitec GmbH

Adresse: Rechbauerstraße 25, 8010 Graz
Telefon: +43 316 873 10 70 07
Fax: +43 316 873 10 70 07-10

Website: www.electra.at
E-Mail: office@electra.at

UID-Nr.: ATU42273400
DVR: 0081833
FB: LG Graz, FN 109595w

ELECTRA HITEC GMBH

1. Wareneingang, Eingangsrechnung

Am 3. Jan. 20 . . erhält die Electra Hitec GmbH eine Lieferung und eine Eingangsrechnung über folgende Artikel:

WINTER ELEKTRONIK

E1

Max Winter e. U. – Handel mit elektronischen Geräten

office@winter-elektronik.at – www.winter-elektronik.at – ATU88991226 – FN 327690Y – LG Salzburg
5431 Kuchl, Lastenstraße 2
Tel.: +43 6244 67 60 Fax: +43 6244 67 60-15

Electra Hitec GmbH
Rechbauerstraße 25
8010 Graz

Kunde:	**20144**
Ihre UID-Nr.:	ATU42273400
Datum:	02.01.20. .
Lieferdatum:	02.01.20. .
Sachbearbeiter:	Klausner
Vertreter:	Trebic
Auftrag vom:	30.12.20. .

RECHNUNG Nr. 0016

Menge/Stk.	Artikel	Art. Nr.	Einzelpreis in €	Preis in €
5	LED TV Samsung UE40F6500	5242	249,00 €	1.245,00 €
3	LG Electronics 32LN5758	5251	182,00 €	546,00 €

Nettobetrag	1.791,00 €
20 % Umsatzsteuer	358,20 €
Bruttobetrag	**2.149,20 €**

Versandart:	**TNT Austria**
Zahlungskondition:	2 % Skonto bei Zahlung innerhalb von 8 Tagen, 30 Tage ohne Abzug
Bankverbindung:	BAWAG P.S.K. – AT51 6000 0000 0466 2314 BIC: OPSKATWW

Aufgabe: a) Verbuchen Sie den Saldo des Bankkontos vom 9. Jan. 20 . . in der Finanzbuchführung. C

b) Legen Sie ein neues Personenkonto für Max Winter e. U. (33300) in der Finanzbuchführung an. Entnehmen Sie die für die Anlage erforderlichen Daten der Eingangsrechnung. C

c) Folgende Informationen liegen für die Artikelanlage in der Artikelverwaltung (Lagerbuchführung) vor:

Artikel-Nr.	Artikel	Verkaufspreis exkl. 20 % USt	Sollbestand/ Mindestbestand
1300	LED TV Samsung UE40F6500	Rohaufschlag 60 %	5/2
1301	LG Electronics 32LN5758	Rohaufschlag 75 %	4/2

Einstandspreis
\+ Rohaufschlag (v. h.)
Nettoverkaufspreis (Verkaufspreis ohne USt)
\+ Umsatzsteuer
Bruttoverkaufspreis (Verkaufspreis inkl. USt)

Legen Sie die Artikel in der Artikelverwaltung an. Ermitteln Sie den Verkaufspreis (inkl. 20 % USt) mithilfe des angeführten Rohaufschlages. C

d) Erfassen Sie die Eingangsrechnung in der Finanzbuchführung und Offene-Posten-Verwaltung. C

e) Erfassen Sie den Wareneingang in der Lagerbuchführung. C

f) Welcher Bestand wird nach der Erfassung des Wareneinganges in der Lagerbuchführung sowie als Betrag in der Offene-Posten-Verwaltung ausgewiesen? Ermitteln Sie die erforderlichen Werte. C

Artikel – LED TV Samsung UE40F6500 ______ Stk.

Artikel – LG Electronics 32LN5758 ______ Stk.

Offene-Posten-Verwaltung – Lieferant Max Winter e. U. € ______

2. Bestellung, Lieferung

Der Kunde Marcel Bergmann sendet nachfolgende E-Mail:

Marcel Bergmann <Marcel.Bergmann@gmx.net>

Mo 03.01.20.. 14:13

An:
office@electra.at

Sehr geehrte Damen und Herren!

Bitte erstellen Sie mir ein Angebot für ein Stück des Artikels LED TV Samsung UE40F6500.

Vielen Dank für Ihre Mühe.

Mit freundlichen Grüßen
Marcel Bergmann
Uferweg 15
5020 Salzburg

Tel.: 0664 420 88 44

Marcel Bergmann bestellt am 4. Jan. 20. . ein Stück LED TV Samsung UE40F6500 unter Berücksichtigung von 10 % Neukundenrabatt.

Am 5. Jan. 20. . verlässt der Artikel LED TV Samsung UE40F6500 das Lager und wird durch eine Spedition zugestellt.

Aufgabe: a) Legen Sie das Personenkonto für den Kunden Marcel Bergmann (20300) in der Finanzbuchführung an. Zahlungsbedingung: Zahlbar innerhalb von 10 Tagen ohne Abzug C

b) Erstellen Sie den Lieferschein und die Ausgangsrechnung (LS 1, A 1); Datum 4. Jan. 20. . . C

c) Verbuchen Sie die Ausgangsrechnung in der Finanzbuchführung und in der Offene-Posten-Verwaltung. C

d) Überprüfen Sie den Lagerbestand des Artikels LED TV Samsung UE40F6500. Derzeit sind ______ Stück auf Lager. C

3. Zahlungsausgang, Zahlungseingang

Am 10. Jan. 20. . wird von der Hausbank nachfolgender Kontoauszug übermittelt:

IBAN: AT41 3800 0000 0450 9139 — Raiffeisen Landesbank Steiermark AG, TEL.: +43 316 8036-0, www.rlbstmk.at — BIC: RZSTAT2G, DVR: 0040495

* Firmenkonto *		WERT	BETRAG IN EUR
ALTER KONTOSTAND			16.212,44
09.01.20..	Max Winter e.U. R 0016 abz. 2% Skonto	09.01.20..	2.106,22 –
10.01.20..	Marcel Bergmann A1	10.01.20..	430,27

POS

SUMME GUTSCHRIFTEN	430,27
SUMME LASTSCHRIFTEN	2.106,22 –
NEUER KONTOSTAND	
GUTHABEN	14.536,49

Electra Hitec GmbH
Rechbauerstraße 25
8010 Graz

AUSZUG 1/01 VOM 10.01.20..

Raiffeisen
Meine Bank

Aufgabe: a) Verbuchen Sie die auf dem Kontoauszug angeführten Bewegungen. C

b) Vergleichen Sie den Kontostand des Bankkontos in der Finanzbuchführung mit dem Kontostand auf dem Kontoauszug. C

Welcher Saldo muss sowohl am Bankkonto als auch am Kontoauszug ausgewiesen sein?

Saldo: €

4. Offene-Posten-Verwaltung

Im Rahmen einer regelmäßigen Kontrolle der offenen Posten werden auch jene des Kunden Marcel Bergmann und des Lieferanten Max Winter e. U. betrachtet.

Aufgabe: a) Überprüfen Sie den Stand der offenen Posten des Kunden Marcel Bergmann und des Lieferanten Max Winter e. U. Geben Sie den Saldo laut Offene-Posten-Verwaltung an. C

Offene-Posten-Verwaltung – Kunde Marcel Bergmann €

Offene-Posten-Verwaltung – Lieferant Max Winter e. U. €

b) Erstellen Sie die folgenden Ausdrucke und führen Sie die Kontrolle der Buchungen bzw. des Bestandes durch: C

- Buchungsjournal über die Buchungen der Geschäftsfälle
- Artikeljournal über die Erfassungen der Geschäftsfälle

c) Beantworten Sie im Zusammenhang mit dem Verkauf an den Kunden Marcel Bergmann folgende Fragen: C

Wie hoch ist der erzielte

Wareneinsatz? €

Umsatz? €

Bruttogewinn? €

Umsatz
– Wareneinsatz
Bruttogewinn

SbX
WINLine
ID: 0122

Ü 12.02: Fallbeispiel – Parfumerie Sandos GmbH

Ihr Unternehmen:

Die Parfumerie Sandos GmbH hat sich auf den Handel mit hochwertigen Parfumerieartikeln und kleinen Elektrogeräten spezialisiert. Der Vertrieb erfolgt über ein Geschäft in Wien sowie über einen Onlineshop.

Basisinfo

Parfumerie Sandos GmbH

Adresse: Opernring 13, 1010 Wien
Telefon: +43 1 967 38 90
Fax: +43 1 967 38 90-40

Website: www.sandos.at
E-Mail: office@sandos.at

UID-Nr.: ATU57327413
DVR: 0050067
FB: HG Wien, FN 84116a

Sandos PARFUMERIE

Bankverbindung:
Raiffeisenlandesbank Niederösterreich-Wien AG
IBAN: AT97 3200 0000 0051 8548
BIC: RLNWATWW

Am Bankkonto ist am 15. Jan. 20. . ein Guthaben von € 3.879,06 ausgewiesen. Das Kassakonto weist am 15. Jan. 20 . . einen Saldo (Guthaben) von € 1.872,– aus. Es ergeben sich folgende Geschäftsfälle:

Auf der Suche nach neuen Produkten findet die Einkäuferin der Parfumerie Sandos GmbH, Frau Grassl, folgendes attraktive Angebot:

PREMIUM COSMETICS GmbH
Kosmetikgroßhandel
Löfflergasse 27, 1130 Wien
Telefon: +43 699 113 33 008
E-Mail: beauty@premium-cosmetics.at
Website: www.premium-cosmetics.at
UID-Nr.: ATU57329000

PREMIUM 1 COSMETICS

Winteraktion – Angebot

vom 1. Jänner 20. . bis 31. Jänner 20. .

Braun Oral-B Professional Care 650

Listenpreis EUR 25,20 (exkl. 20 % USt)

Aktionsrabatt: 15 %

Mindestabnahmemenge: 30 Stück
Lieferung frei Haus, innerhalb von Österreich

1. Wareneingang

Aufgrund des Angebotes bestellt die Parfumerie Sandos GmbH am 2. Jan. 20. . 50 Stück Braun Oral-B Professional Care 650 zu den angebotenen Bedingungen.

Am 10. Jan. 20. . trifft die bestellte Ware ein. Der Lieferung liegen der Lieferschein und die Rechnung bei.

PREMIUM COSMETICS

PREMIUM COSMETICS GmbH | Löfflergasse 27 | 1130 Wien

Telefon: +43 699 113 33 008
E-Mail: beauty@premium-cosmetics.at
Website: www.premium-cosmetics.at
UID-Nr.: ATU57329000
DVR-Nr.: 0031310

Parfumerie Sandos GmbH
Opernring 13
1010 Wien

Kundennr.: 20148
Bestellung: 2. Jänner 20. .

Lieferschein

Wien, 10. Jänner 20. .

Nummer:	**Sachbearbeiter:**	**Lieferdatum:**	
L89	Vera Schmidt	10.01.20. .	durch GLS Austria

Bezeichnung	Liefermenge	bestellt	noch zu liefern
Braun Oral-B Professional Care 650	50	50	0

PREMIUM COSMETICS – Ihr Partner in Sachen Kosmetik!

Ort: Wien Datum: 10. 1. 20. . Ware übernommen: Berger

E 29

PREMIUM COSMETICS

PREMIUM COSMETICS GmbH | Löfflergasse 27 | 1130 Wien

Telefon: +43 699 113 33 008
E-Mail: beauty@premium-cosmetics.at
Website: www.premium-cosmetics.at
UID-Nr.: ATU57329000
DVR-Nr.: 0031310

Parfumerie Sandos GmbH
Opernring 13
1010 Wien

Ihre UID-Nr.: ATU57327413
Kundennr.: 20148
Bestellung: 2. Jänner 20. .

Rechnung

Wien, 10. Jänner 20. .

Nummer:	**Sachbearbeiter:**	**Lieferdatum:**	
R89	Vera Schmidt	10.01.20. .	durch GLS Austria

Menge	Bezeichnung	Einzelpreis	Gesamtpreis
50	Braun Oral-B Professional Care 650	25,20	1.260,00 €
		Summe	1.260,00 €
		– Aktionsrabatt 15 %	189,00 €
		Betrag netto	1.071,00 €
		+ Umsatzsteuer 20 %	214,20 €
		Gesamtbetrag	**1.285,20 €**

PREMIUM COSMETICS – Ihr Partner in Sachen Kosmetik!

Bankverbindung: UniCredit Bank Austria AG
IBAN: AT14 1100 0083 5331 5800
BIC: BKAUATWW
Gerichtsstand: HG Wien, FN 220147x

Zahlungsbedingungen:
2 % Skonto bei Zahlung innerhalb von 14 Tagen, 30 Tage ohne Abzug
DVR 0031310 ARA 4431

Die Ware bleibt bis zur vollständigen Bezahlung unser Eigentum – Bei Zahlungsverzug verrechnen wir bankübliche Verzugszinsen.

Aufgabe: a) Erfassen Sie den Saldo des Bank- und des Kassakontos vom 15. Jan. 20 . . in der Finanzbuchführung.

b) Legen Sie das Personenkonto der Premium Cosmetics GmbH (33301) in der Finanzbuchführung an. Die für die Anlage erforderlichen Daten sind der Eingangsrechnung zu entnehmen.

c) Ermitteln Sie den Verkaufspreis inkl. USt für den Artikel Braun Oral-B Professional Care 650 anhand nachfolgender Daten:

Einkaufspreis:	€ 25,20, abzüglich 15 % Aktionsrabatt
Rohaufschlag:	75 %, ausgehend von dem um den Rabatt reduzierten Einkaufspreis
Verkaufspreis exkl. USt:	Berechnung auf 10 Cent genau
Umsatzsteuer:	20 %

Legen Sie den Artikel Braun Oral-B Professional Care 650 im Artikelstamm an; Artikelnummer 1302, Sollbestand 20 Stück.

d) Erfassen Sie die Eingangsrechnung in der Finanzbuchführung sowie in der Offene-Posten-Verwaltung.

e) Erfassen Sie den Lagerzugang in der Lagerbuchführung.

2. Zahlungsausgang

Am 16. Jan. 20. . wird der offene Rechnungsbetrag abzüglich 2 % Skonto überwiesen.

IBAN: AT97 3200 0000 0051 8548 Raiffeisen Landesbank NÖ-Wien AG BIC: RLNWATWW
TEL.: 05 1700 900 DVR: 0040321
www.raiffeisenbank.at

* Firmenkonto *		WERT	BETRAG IN EUR
ALTER KONTOSTAND			3.879,06
16.01.20..	Premium Cosmetics, R 89 abz. 2% Skonto = EUR 25,70	16.01.20..	1.259,50 –

POS

	SUMME GUTSCHRIFTEN	0,00
Parfumerie Sandos GmbH	SUMME LASTSCHRIFTEN	1.259,50 –
Opernring 13	NEUER KONTOSTAND	
1010 Wien	GUTHABEN	2.619,56

AUSZUG 3/01 VOM 16.01.20 . .

Raiffeisen Meine Bank

16.01.20. . **Raiffeisen ELBA-Internet - Aufträge - Druckvorschau**

>> Mein Bankgeschäft >> Zahlungsverkehr >> Aufträge

Auftragsbestätigung

Empfänger:	Premium Cosmetics GmbH
IBAN / BIC:	AT14 1100 0083 5331 5800 / BKAUATWW
Bank Empfänger:	UniCredit Bank Austria AG
Auftraggeber:	Parfumerie Sandos GmbH Opernring 13, 1010 Wien
IBAN / BIC:	AT97 3200 0000 0051 8548 / RLNWATWW
Betrag:	1.259,50 EUR
Verwendungszweck:	Premium Cosmetics, R 89 abz. 2 % Skonto = EUR 25,70
Kundendaten:	20148

Verfüger: Parfumerie Sandos GmbH **Datum:** 16.01.20.. **Uhrzeit:** 08:40
Art: Inlandsüberweisung **cardTAN:** 80 - TREWS

Angemeldet als: Parfumerie Sandos GmbH © Raiffeisen

Aufgabe: a) Verbuchen Sie die Überweisung in der Finanzbuchführung und in der Offene-Posten-Verwaltung. C

b) Vergleichen Sie den Saldo des Bankkontos in der Buchführung mit dem Saldo am Kontoauszug. C

Welcher Saldo muss sowohl am Bankkonto als auch am Kontoauszug ausgewiesen sein?

Saldo: €

3. Bestellung

Die Kundin Barbara Kleinschmidt bestellt im Onlineshop zwei Stück Oral-B Professional Care 650 unter Berücksichtigung des Einführungsrabattes von 10 %. Barbara Kleinschmidt erhält nach Bestätigung Ihrer Bestellung nachfolgende E-Mail:

Bestellbestätigung
Bestellung: 0155

Guten Tag Frau Kleinschmidt,
vielen Dank für Ihre Bestellung. Nachfolgend finden Sie sämtliche Informationen dazu.

Lieferung voraussichtlich:
3. Februar 20. . – 6. Februar 20. .

Versandart:
Standard-Versand

Die Bestellung geht an:
Barbara Kleinschmidt
Uferweg 22
5020 Salzburg
Österreich
kleinschmidt@gmx.at

Einzelheiten Ihrer Bestellung

Bestellung: #0155
Aufgegeben am 28. Jänner 20. .

2 Stk. Braun Oral-B Professional Care 650		EUR 90,00
	– Aktionsrabatt 10 %	EUR 9,00
	Verpackung und Versand	EUR 0,00
	Zwischensumme inkl. USt.	EUR 81,00
	enthaltene Umsatzsteuer	EUR 13,50
	Endbetrag inkl. USt.	**EUR 81,00**
	Gewählte Zahlungsart	Überweisung

Aufgabe: a) Legen Sie das Personenkonto für Barbara Kleinschmidt in der Finanzbuchführung an (20301). Die Zahlungsbedingung lautet: Zahlbar innerhalb von 10 Tagen ohne Abzug; Kreditlimit: € 500,–. C

b) Erstellen Sie den Lieferschein und die Ausgangsrechnung (LS 132, A 132) mit dem Datum 28. Jänner 20. . und führen Sie die erforderlichen Buchungen durch. C

c) Der Versand an Barbara Kleinschmidt erfolgt per Post. Verbuchen Sie die Postgebühren (Beleg siehe nächste Seite). C

Österreichische Post AG
UID-Nr: ATU46674503
1010 Wien
Fleischmarkt 19
Tel. 0577 677 - 1010
Internet: www.1010.post.at

K185

Es bediente Sie:
Frau Eva Wagner

Datum: 02.02.20.. 10:35

Rechnung Nr.: 10940310332431

Stk	Bezeichnung	EUR	
1	Paket Inland Österreich bis 2 kg	4,31	0
	Lkw-Maut	0,14	0
	Sendungsnummer(n): 1010050032219011 PLZ: 5020		
	SUMME	4,45	
	0 % USt. 4,45	0,00	

Vielen Dank für den Versand Ihrer Sendung(en) mit der Österreichischen Post AG!

4. Zahlungseingang

Barbara Kleinschmidt hat den offenen Rechnungsbetrag ausgeglichen.

IBAN: AT97 3200 0000 0051 8548
Raiffeisen Landesbank NÖ-Wien AG
TEL.: 05 1700 900
www.raiffeisenbank.at
BIC: RLNWATWW
DVR: 0040321

* Firmenkonto *		WERT	BETRAG IN EUR
ALTER KONTOSTAND			2.619,56
07.02.20..	Kleinschmidt, A132 vom 2.2.20 . .	07.02.20..	81,00

POS
SUMME GUTSCHRIFTEN 81,00
SUMME LASTSCHRIFTEN 0,00
NEUER KONTOSTAND
GUTHABEN 2.700,56

Parfumerie Sandos GmbH
Opernring 13
1010 Wien

AUSZUG 4/01 VOM 07.02.20 . .

Raiffeisen Meine Bank

Aufgabe: a) Verbuchen Sie den Zahlungseingang in der Finanzbuchführung und in der Offene-Posten-Verwaltung. C

b) Geben Sie den Saldo des Kundenkontos bzw. der Offene-Posten-Verwaltung von Barbara Kleinschmidt an: C

Saldo Kundenkonto €

Saldo Offene-Posten-Verwaltung €

c) Drucken Sie folgende Unterlagen aus und führen Sie die Kontrolle der Buchungen bzw. des Bestandes durch: C

- Journal über die Buchungen vom 1. Jänner bis 7. Februar 20. .
- Kontoblatt Premium Cosmetics GmbH
- Lagerbestandsliste elektrische Zahnbürste Braun Oral-B Professional Care 650

d) Welcher Bestand wird in der Lagerbuchführung bzw. als Betrag in der Offene-Posten-Verwaltung ausgewiesen? C

Artikel – Oral-B Professional Care 650 ______ Stk.

Kontoblatt – Premium Cosmetics GmbH € ______

SbX
WINLine
ID: 0122

Ü 12.03: Fallbeispiel – Playground Spielwaren GmbH

Ihr Unternehmen:

Die Playground Spielwaren GmbH beliefert Spielwarenhändler in ganz Österreich und hat sich auf Kinderspielwaren aus Holz und Unterhaltungsspiele spezialisiert.

Aufgrund des hohen Geschäftsaufkommens zu Weihnachten läuft das Wirtschaftsjahr vom 1. März bis 28. Februar n. J.

Am Bankkonto ist am 18. April 20 . . ein Saldo von € 12.123,75 (Guthaben) ausgewiesen. Der Saldo (Guthaben) des Kassakontos beträgt am 18. April 20 . . € 2.425,–. Es ergeben sich u. a. folgende Geschäftsfälle:

Basisinfo

Playground Spielwaren GmbH

Adresse: Herrenstraße 10, 4021 Linz
Telefon: +43 732 76 10 11 70
Fax: +43 732 76 10 11 75

Website: www.playground.com
E-Mail: office@playground.com

UID-Nr.: ATU62062412
DVR: 0029874
FB: LG Linz, FN 268201p

Bankverbindung:
Kommerzbank AG
IBAN: AT91 2035 1000 0003 5253
BIC: KMAGATWW

Playground

1. Wareneingang, Eingangsrechnung

Am 8. April 20.. erhält die Playground Spielwaren GmbH eine Lieferung mit der dazugehörenden Eingangsrechnung über Holzspielwaren.

BERNER

E 475

Berner Holzspielwaren KG | Marktstraße 15 | 6020 Innsbruck

Telefon: +43 512 29 23 23
Fax: +43 512 29 30 89
E-Mail: office@berner-spiele.at
Website: www.berner-spiele.at
UID-Nr.: ATU67265336

Playground Spielwaren GmbH
Herrenstraße 10
4021 Linz

Ihre UID-Nr.: ATU62062412
Kundennr.: 20302
Bestellung vom 7. April 20. .

Rechnung

Innsbruck, 8. April 20. .

Nummer: 623
Sachbearbeiter: Florian Karasek
Lieferdatum: 08.04.20. . Postzustellung

Menge	Bezeichnung	Artikel	Einzelpreis	Gesamtpreis
15	Selecta Holz Bilderwürfel	1062	19,00	285,00 €
10	Holzschaukel „Benjamin“	1068	60,00	600,00 €

Betrag netto	885,00 €
– Messerabatt 10 %	88,50 €
Betrag	796,50 €
+ Umsatzsteuer 20 %	159,30 €
Gesamtbetrag	**955,80 €**

Berner Holzspielwaren – Qualität hat einen Namen!

Die Ware bleibt bis zur vollständigen Bezahlung unser Eigentum. Bei Zahlungsverzug verrechnen wir bankübliche Verzugszinsen.

Bankverbindung: Raiffeisenbank Innsbruck
AT55 3600 0000 0063 2000
BIC: RZTIAT22
Gerichtsstand: LG Innsbruck, FN 50504x

Zahlungsbedingungen:
2 % Skonto bei Zahlung innerhalb von 14 Tagen,
30 Tage ohne Abzug
DVR 0049590

Einstandspreis
\+ Rohaufschlag (v. h.)
Nettoverkaufspreis (Verkaufspreis ohne USt)
\+ Umsatzsteuer
Bruttoverkaufspreis (Verkaufspreis inkl. USt)

Aufgabe: a) Erfassen Sie den Saldo des Bank- und des Kassakontos vom 18. April 20 . . in der Finanzbuchführung. C

b) Legen Sie das Personenkonto für Berner Holzspielwaren KG (33302) in der Finanzbuchführung an. Die für die Anlage erforderlichen Stammdaten sind der abgebildeten Rechnung zu entnehmen. C

c) Legen Sie die Artikel in der Artikelverwaltung an. Ermitteln Sie, unter Berücksichtigung des angegebenen Rohaufschlages, den Verkaufspreis (inkl. 20 % USt). C

Artikel-Nr.	Artikel	Verkaufspreis exkl. 20 % USt	Sollbestand/ Mindestbestand
1303	 Selecta Holz Bilderwürfel	Rohaufschlag 70 %	5/2
1304	 Holzschaukel Benjamin	Rohaufschlag 75 %	4/2

d) Erfassen Sie die E 475 in der Finanzbuchführung und in der Offene-Posten-Verwaltung. C

e) Erfassen Sie den Artikelzugang in der Lagerbuchführung. C

2. Warenrücksendung – Gutschrift

Ein Stück Holzschaukel Benjamin weist erhebliche Kratzspuren auf. Nach telefonischer Rücksprache mit dem Lieferanten wird diese an die Berner Holzspielwaren KG zurückgesandt. Die Berner Holzspielwaren KG übermittelt die entsprechende Gutschrift:

BERNER

S 121

Berner Holzspielwaren KG | Marktstraße 15 | 6020 Innsbruck

Telefon: +43 512 29 23 23
Fax: +43 512 29 30 89
E-Mail: office@berner-spiele.at
Website: www.berner-spiele.at
UID-Nr.: ATU67265336

Playground Spielwaren GmbH
Herrenstraße 10
4021 Linz

Ihre UID-Nr.: ATU62062412
Kundennr.: 20302

Gutschrift

Innsbruck, 9. April 20 . .

Nummer: 48
Sachbearbeiter: Florian Karasek
Lieferdatum: –

Menge	Bezeichnung	Artikel	Einzelpreis	Gesamtpreis
1	Holzschaukel „Benjamin" Warenrücksendung vom 8. April 20 . . wie telefonisch vereinbart	1068	60,00	60,00 €

Betrag netto	60,00 €
– Messerabatt 10 %	6,00 €
Betrag	54,00 €
+ Umsatzsteuer 20 %	10,80 €
Gesamtbetrag	**64,80 €**

Berner Holzspielwaren – Qualität hat einen Namen!

Die Ware bleibt bis zur vollständigen Bezahlung unser Eigentum. Bei Zahlungsverzug verrechnen wir bankübliche Verzugszinsen.

Bankverbindung: Raiffeisenbank Innsbruck
AT55 3600 0000 0063 2000
BIC: RZTIAT22
Gerichtsstand: LG Innsbruck, FN 50504x

Zahlungsbedingungen:
2 % Skonto bei Zahlung innerhalb von 14 Tagen,
30 Tage ohne Abzug
DVR 0049590

Aufgabe: a) Verbuchen Sie die Gutschrift in der Finanzbuchführung und in der Offene-Posten-Verwaltung.

b) Erfassen Sie die Rücksendung an den Lieferanten in der Lagerbuchführung.

c) Erstellen Sie folgende Ausdrucke und kontrollieren Sie die bisher vorgenommenen Buchungen in der Finanzbuchführung und in der Lagerbuchführung:

- Buchungsjournal über die bisherigen Buchungen
- Artikelkontoblatt zu den Artikeln 1303 und 1304

Welcher Lagerbestand ist bei den Artikeln 1303 und 1304 ausgewiesen?

Artikel-Nr.	Artikel	Lagerbestand
1303	 Selecta Holz Bilderwürfel	
1304	 Holzschaukel Benjamin	

3. Anfrage, Bestellung, Lieferung

Der Spielwarenhändler Hans Hinterhuber e. U. ersucht um ein Angebot über fünf Stück der Holzschaukel Benjamin.

Aufgabe: a) Legen Sie das Personenkonto für die Hans Hinterhuber e. U. (20302), Hauptstraße 35, 8940 Liezen, in der Finanzbuchführung an. Zahlungsbedingungen: 2 % Skonto bei Zahlung innerhalb von 14 Tagen, 30 Tage ohne Abzug

b) Erstellen Sie am 10. April 20. . das Angebot an den Kunden Hans Hinterhuber e. U. über fünf Stück Holzschaukel Benjamin.

c) Hans Hinterhuber e. U. bestellt am 14. April 20 . . die angebotene Menge an Holzschaukeln Benjamin.

Erstellen Sie den Lieferschein und die Ausgangsrechnung (LS 211, A 211) mit Datum 15. April 20. . und nehmen Sie die Verbuchung in der Finanzbuchführung und in der Offene-Posten-Verwaltung vor.

4. Nachträglich gewährter Rabatt an den Kunden Hans Hinterhuber e. U.

Bei der Erstellung der Ausgangsrechnung wurde der vereinbarte Neukundenrabatt von 10 % nicht berücksichtigt.

Aufgabe: a) Erstellen Sie die Gutschrift (GS 15) an die Hans Hinterhuber e. U. über 10 % des Rechnungsbetrages der Ausgangsrechnung; Datum der Gutschrift: 18. April 20 . . .

b) Erfassen Sie die Gutschrift in der Finanzbuchführung und in der Offene-Posten-Verwaltung.

5. Offene-Posten-Verwaltung

Im Rahmen der Kontrolle der offenen Posten werden auch jene des Kunden Hans Hinterhuber e. U. und des Lieferanten Berner Holzspielwaren KG betrachtet.

Aufgabe: Prüfen Sie den Stand der offenen Posten des Kunden Hans Hinterhuber e. U. und des Lieferanten Berner Holzspielwaren KG und geben Sie den Saldo laut Offene-Posten-Verwaltung an.

Offene-Posten-Verwaltung – Kunde Hans Hinterhuber e. U. €

Offene-Posten-Verwaltung – Lieferant Berner Holzspielwaren KG €

6. Zahlungsausgang, Zahlungseingang

Auf dem Kontoauszug der Playground Spielwaren GmbH sind folgende Kontobewegungen angeführt:

Kommerzbank AG

Kontoauszug

Verfüger: Playground Spielwaren GmbH

IBAN: AT91 2035 1000 0003 5253
BIC: KMAGATWW

Zeitraum: 19.04.20 . . bis 20.04.20 . .

Datum	Buchungstext	Valuta	Betrag EUR
19.04.	Berner Holzspielwaren KG, RNR 623 abz. GS 48 abz. 2 % Skto. = 17,82	19.4.	873,18 –
20.04.	Hans Hinterhuber e. U. A 211 abz. GS 15, abz. 2 % Skto. = 10,21	20.4.	500,09

Kontostand per 18.04.	Summe Belastungen	Summe Gutschriften	Kontostand per 20.04.
12.123,75	873,18 –	500,09	**11.750,66**

Auszug 18/01

Aufgabe: a) Verbuchen Sie Bewegungen auf dem Bankkonto der Playground Spielwaren GmbH. C

b) Vergleichen Sie den Kontostand des Bankkontos in der Finanzbuchführung mit dem Kontostand auf dem Kontoauszug. C

Welcher Betrag muss auf beiden Konten ausgewiesen sein? €

7. Offene-Posten-Verwaltung

Im Rahmen der Kontrolle der offenen Posten werden jene des Kunden Hans Hinterhuber e. U. und des Lieferanten Berner Holzspielwaren KG betrachtet.

Aufgabe: Prüfen Sie den Stand der offenen Posten des Kunden Hans Hinterhuber e. U. und des Lieferanten Berner Holzspielwaren KG und geben Sie den Saldo laut Offene-Posten-Verwaltung an. C

Offene-Posten-Verwaltung – Kunde Hans Hinterhuber e. U. €

Offene-Posten-Verwaltung – Lieferant Berner Holzspielwaren KG €

8. Kauf eines Anlagegegenstandes

Für den Druck von Werbematerial wird ein Laserdrucker angeschafft.

K114

PC4U
Electronic Discount

Knutzingstraße 12
5301 Eugendorf
Österreich/Austria
Tel.: +43 6225 288 08
Fax: +43 6225 288 08-10
E-Mail: office@pc4u.com
Website: www.pc4u.com

Playground Spielwaren GmbH
Herrenstraße 10
4021 Linz

Kunde: **20566**
Datum: 21.04.20. .
Ihre UID-Nr.: ATU62062412

Verkäufer: Maierhofer

Barrechnung 663

Verkauf vom 21.4.20. .

Pos	Bezeichnung	Menge	Preis	Gesamt
1	Laserdrucker HP Enterprise Color	1	490,00 €	490,00 €

Nettobetrag	490,00 €
20 % Umsatzsteuer	98,00 €
Bruttobetrag	**588,00 €**

Firmenbuch: LG Salzburg, FN 51350s
Zahlungskondition: Zahlbar sofort netto Kassa!
Bankverbindung: Raiffeisenverband Salzburg, AT66 3500 0000 0004 5005, BIC RVSAAT2S
DVR/Gerichtsstand: 0023153/LG Salzburg

Die Nutzungsdauer von Büromaschinen beträgt vier Jahre, der Laserdrucker wird am 21. April 20. . in Betrieb genommen.

Aufgabe: a) Verbuchen Sie den Anlagenzugang in der Finanzbuchführung. C

b) Erfassen Sie die Anlage im Anlagenverzeichnis. C

c) Ermitteln Sie den Abschreibungsbetrag und verbuchen Sie die Abschreibung per 30. April 20. . . C

Wissen

Ein kurzer Kompetenz-Check, bevor's weitergeht!

Kompetenz-Check

	☺	😐	☹
Ich kann Bargeschäfte verbuchen.			
Ich kann feststellen, ob der Geschäftsfall den Kassabestand erhöht oder senkt.			
Ich kann den Kassa-Sollbestand errechnen und mit dem Kassa-Istbestand abstimmen.			
Ich kann das Buchungsjournal, das Kassabuch und das Kassakonto ausdrucken.			
Ich kann Eingangsrechnungen bzw. Gutschriften in der Buchführung und in der Offene-Posten-Verwaltung verbuchen.			
Ich kann Lagerzugänge, Preisnachlässe und Rücksendungen in der Lagerbuchführung erfassen.			
Ich kann das Buchungsjournal, die Offene-Posten-Auswertungen, das Artikeljournal, die Lieferantenkonten sowie weitere vom Geschäftsfall betroffene Konten ausdrucken.			
Ich kann Lieferscheine, Ausgangsrechnungen bzw. Gutschriften erstellen und deren Werte in der Buchführung, in der Offene-Posten-Verwaltung sowie in der Lagerbuchführung erfassen.			
Ich kann das Buchungsjournal, die Offene-Posten-Auswertungen, das Artikeljournal, die Kundenkonten und weitere vom Geschäftsfall betroffene Konten ausdrucken.			
Ich kann Überweisungen in der Buchführung und in der Offene-Posten-Verwaltung erfassen.			
Ich kann das Buchungsjournal, die Offene-Posten-Auswertungen und die vom Geschäftsfall betroffenen Konten ausdrucken.			
Ich kann die Anschaffung von Anlagegegenständen in der Buchführung verbuchen.			
Ich kann Anlagegegenstände in der Anlagenbuchführung erfassen.			
Ich kann die Berechnung der Abschreibung durchführen.			
Ich kann die Verbuchung der Abschreibung in der Finanzbuchführung vornehmen.			
Ich kann das Anlagenverzeichnis, das Buchungsjournal, die Offene-Posten-Auswertungen und die vom Geschäftsfall betroffenen Konten ausdrucken.			

3 FALLBEISPIEL – LEHRMODELL EDV-BUCHFÜHRUNG IM HANDELSBETRIEB

Worum geht's in diesem Kapitel?

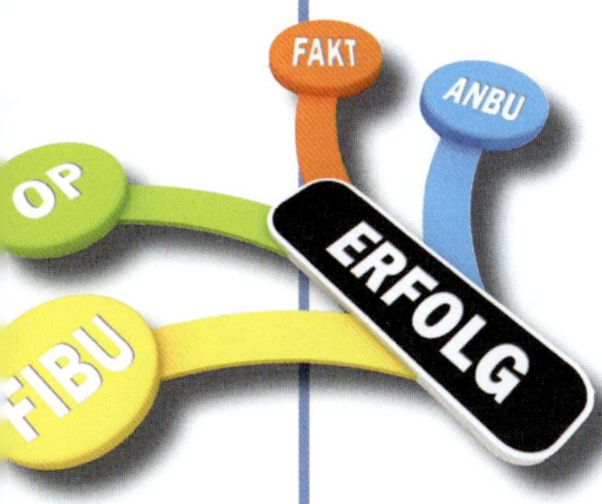

Mit der Bearbeitung des Lehrmodells werden Belege von laufenden Geschäftsfällen wie Einkäufen, Verkäufen sowie deren Zahlung kontiert und mit einer kaufmännischen Standardsoftware verbucht. Bei der Erfassung von Zahlungen erfolgt das korrekte Ausziffern in der Offene-Posten-Verwaltung.

Aus Bestellungen von Kunden werden Lieferscheine und Rechnungen erzeugt und die automatische Erfassung in der Buchführung sowie im Lager durchgeführt. Anlagenzugänge werden anhand von Belegen in der Anlagendatei erfasst und die erforderlichen Berechnungen am Jahresende durchgeführt.

Anhand der Geschäftsfälle werden die Zusammenhänge zwischen Konten, Bilanz und Gewinn- und Verlustrechnung dargestellt. Erforderliche Auswertungen zum Monats- und Jahresende werden erstellt.

Bildungs- und Lehraufgabe sowie **Lehrstoff** des **Lehrplanes**

↓

Kompetenzen, die Sie erwerben

Mit der Bearbeitung dieses Kapitels erwerben Sie die in der **Bildungs- und Lehraufgabe** des aktuellen **Lehrplanes** für den **Bereich Doppelte Buchführung in der Praxis** angeführten **Kompetenzen.** Sie können

- **die Stammdatenpflege durchführen,**
- **laufende Geschäftsfälle anhand einer Belegsammlung mit einer kaufmännischen Standardsoftware verbuchen, die USt-Zahllast ermitteln, die Lagerbuchhaltung führen, fakturieren, offene Posten verwalten, ein Anlagenverzeichnis führen,**
- **die Auswirkung der Buchungen auf die Bilanz und die Gewinn- und Verlustrechnung erkennen,**
- **die erforderlichen Auswertungen erstellen und interpretieren,**
- **Datensicherung vornehmen.**

Diesen Kompetenzen liegt folgender **Lehrstoff** zugrunde:

- **Verbuchung von laufenden Geschäftsfällen einschließlich Lager- und Anlagenbuchführung anhand einer Belegsammlung**
- **Auswertungen**
- **Stammdatenpflege, Datensicherung**

Die erworbenen **Fach-, Methoden-, Sozial- und Selbstkompetenzen** sind durch den **Einsatz von Fallstudien** vernetzt anzuwenden.

A B C D E

In diesem Kapitel finden Sie ein Fallbeispiel zum Erwerb der entsprechenden Kompetenzen auf der Handlungsebene C **Anwenden.**

Das Fallbeispiel ist mit dem **Datenstand GRUBE** zu bearbeiten.

Dieses Kapitel umfasst folgende Inhalte:

Üben

SbX ID: 0132

A B C D E

SbX
WINLine
ID: 0132

Ein **Wiederverkäufer** verkauft eingekaufte Dienstleistungen und Produkte. Er steht meist zwischen dem Produzenten und dem Kunden.

1 Allgemeines

Das Fallbeispiel geht von folgenden Voraussetzungen aus:

Ihr Unternehmen:[1]

Bei der **Heinz Gruber e. U.**, Wipplingerstraße 82, 1010 Wien, handelt es sich um ein Einzelunternehmen mit drei Angestellten, das von Heinz Gruber selbst geführt wird. Das Unternehmen handelt mit Büromaschinen. Es werden nur Wiederverkäufer beliefert.

Stammdaten:

Name: Heinz Gruber e. U., Büromaschinen
Adresse: Wipplingerstraße 82, 1010 Wien
Telefon: +43 1 613 63 34–0
Telefax: +43 1 613 63 34–20
E-Mail: office@gruber.at
Website: www.gruber.at
Bankverbindung: Raiffeisenbank Wien
BIC RLNWATWW, IBAN AT14 3200 0000 0703 2816
Finanzamt: Finanzamt 1/23, 1030 Wien, Steuernummer 190/1618
UID-Nummer ATU21476150
Gebietskrankenkasse: Wiener Gebietskrankenkasse, Dienstgeberkontonummer 19101604
Stadtkasse: Kontonummer 0104711
Firmenbuch: Handelsgericht Wien, Firmenbuchnummer 207163p
Datenverarbeitungsregister: DVR-Nummer 0098924

Kopf der Lieferscheine und der Fakturen:

Heinz Gruber e. U., Büromaschinen
Wipplingerstraße 82, 1010 Wien
Tel.: +43 1 613 63 34–0 – Telefax: +43 1 613 63 34–20
E-Mail: office@gruber.at – Website: www.gruber.at
Raiffeisenbank Wien, BIC RLNWATWW, IBAN AT14 3200 0000 0703 2816
DVR 0098924 – UID-Nr. ATU21476150 – Firmenbuch HG Wien, FN 207163p

Für die Buchführung (inkl. Lagerbuchführung und Anlagenbuchführung) wird ein Computer mit einem entsprechenden Softwarepaket eingesetzt. Dieser wird auch für die Fakturierung, die Personalverrechnung und die Textverarbeitung verwendet.

2 Durchzuführende Arbeiten

Mithilfe des Computers und entsprechender Software werden **folgende Arbeiten** durchgeführt:

- **Verbuchung von Geschäftsfällen auf Konten** inklusive deren **Abschluss** (Erstellung der Bilanz und der GuV-Rechnung) und Führung des **Journals**
- Führung von:
  - **Kassabuch** – wird mit der Software geführt
  - **Kunden- und Lieferantenbuchführung**
  - **Lagerbuchführung**
  - **Anlagenbuchführung**
- Erstellung von **Lieferscheinen und Fakturierung**

Die Ausgabe der Daten erfolgt über den Drucker und über den Bildschirm (bzw. auf Datenträger).

[1] Das Lehrmodell steht in Form von Video-Clips auf der im Arbeitsbuch des computerunterstützten Rechnungswesens enthaltenen DVD zur Verfügung.

Darstellung: Buchführung – Dateien, einzugebende Daten, auszugebende Daten

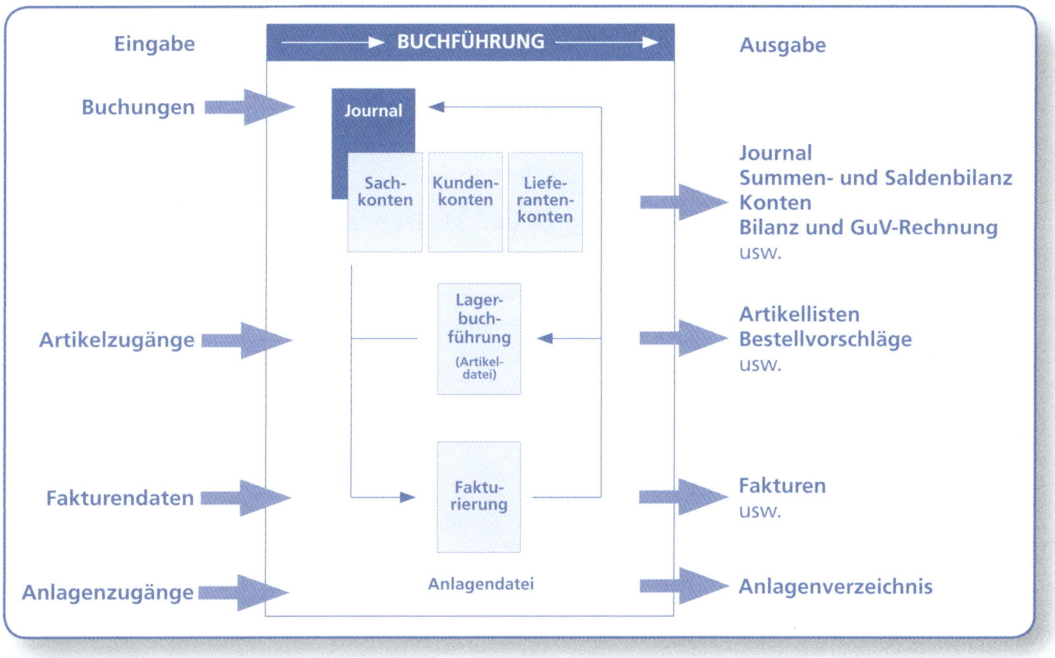

3 Arbeitsablauf

Für die Buchführung (inklusive der Kunden- und Lieferantenbuchführung, der Artikeldatei und der Anlagendatei) wurde bereits im Vorjahr eine entsprechende Software verwendet.

3.1 Bereits durchgeführte Arbeiten

Übernahmen aus dem Vorjahr per 1. Jan.

Zu Beginn des laufenden Jahres wurden **folgende Dateien aus dem Vorjahr übernommen:**

- Bestands- und Erfolgskonten (ohne die Buchungen des Vorjahres)
- Kunden- und Lieferantenkonten (inkl. der offenen Posten)
- Artikeldatei (inkl. der mengen- und wertmäßigen Lagerbestände)
- Anlagendatei

Eröffnungsbuchungen

Die restlichen Eröffnungsbuchungen sind zu einem späteren Zeitpunkt durchzuführen (siehe 5.10 in diesem Kapitel).

Auf folgenden Konten wurden die **Eröffnungsbuchungen bereits durchgeführt** (Ende Jänner bzw. im Februar):

Lieferforderungen	USt-Zahllast
Kassa	Verbindlichkeiten Finanzamt
Bank	Verbindlichkeiten Krankenkasse
Darlehen	Verbindlichkeiten Stadtkasse
Lieferverbindlichkeiten	Sonstige Verbindlichkeiten

Buchungen vom 1. Jan. bis 30. Nov.

Die **Geschäftsfälle vom 1. Jan. bis 30. Nov.** wurden **bereits verbucht.**

Monatlich wurden ausgedruckt:

- Journal
- Summen- und Saldenbilanz
- Konten
- Umsatzsteuervoranmeldung

Quartalsweise wurden ausgedruckt:

- Zusammenfassende Meldung
- Kammerumlage

3.2 Durchzuführende Arbeiten

Übernahme der Datenbestände per 30. Nov. und **Erfassung der Dezembergeschäftsfälle**

Die **Datenbestände per 30. Nov.** (der Monatsabschluss für November wurde bereits durchgeführt) werden vom Datenverzeichnis auf der Festplatte übernommen. Anschließend werden die Dezembergeschäftsfälle verbucht. Im Zuge dieser Arbeiten sind auch die restlichen Eröffnungsbuchungen per 1. Jan. vorzunehmen.

Monatsabschluss

Nach Vornahme der letzten Buchung ist der **Monatsabschluss per 31. Dez.** zu erstellen.

Jahresabschluss

Die **Buchführung** ist **per 31. Dez. abzuschließen.**

Darstellung: Arbeitsablauf

* Die in den Kreisen angeführten Ziffern geben an, wo die entsprechenden Inhalte in diesem Kapitel zu finden sind.

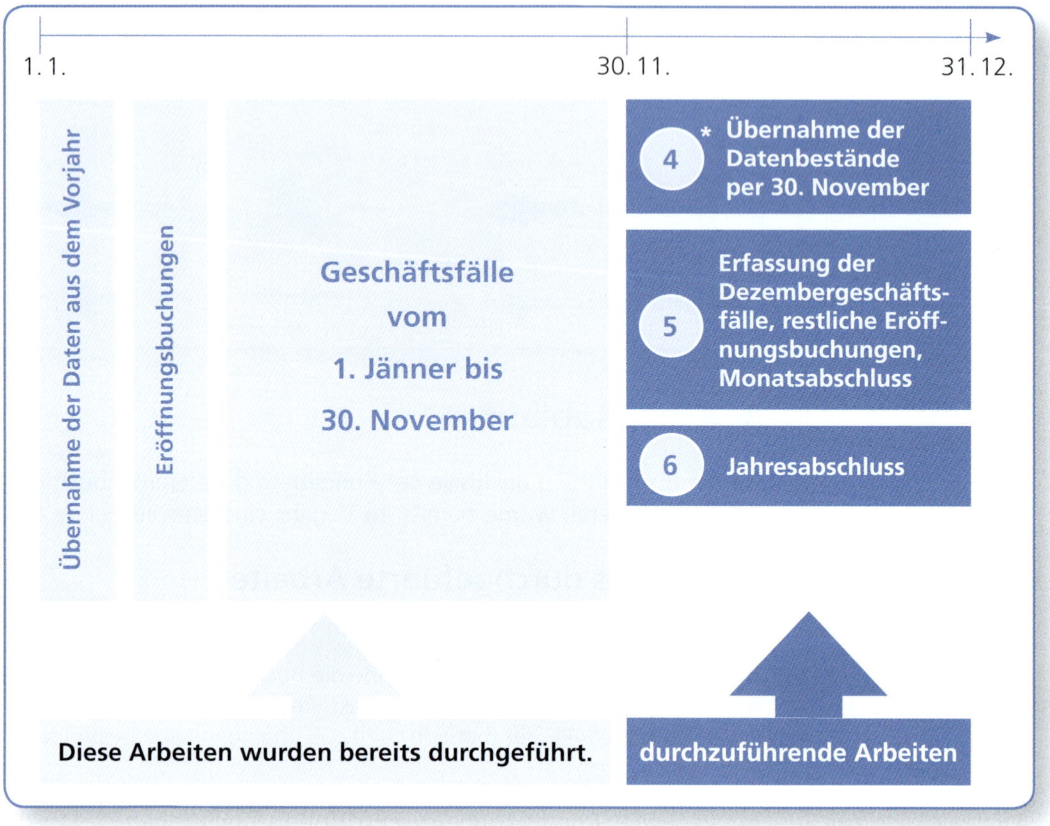

4 Datenbestände per 30. Nov.

Kontenplan und Kontensummen per 30. Nov.

Siehe nächste Seite.

[1] Die Konten Vorsteuer, Vorsteuer aus ig. Erwerben, Umsatzsteuer, Erwerbsteuer werden erst per 31. Dez. gegen USt-Zahllast umgebucht.

[2] Das Darlehen ist halbjährlich jeweils am 1. Jan. und 1. Juli mit € 2.500,00 zuzüglich Zinsen zurückzuzahlen.

Konto-Nr.	Kontenbezeichnung	Summen per 30. Nov.	
		Soll	Haben
0630	Pkw und Kombis		
0640	Lkw		
0660	Betriebs- und Geschäftsausstattung		
1360	Vorrat Heizöl		
1600	HW-Vorrat		
2000	Lieferforderungen	1.394.400,00	1.330.056,00
2500	Vorsteuer 20 %[1]	113.100,20	1.422,00
2510	Vorsteuer aus ig. Erwerben[1]	10.989,00	
2700	Kassa	132.130,00	130.700,00
2800	Bank	1.469.333,00	1.414.118,20
2870	Barverkehr mit Banken	15.000,00	15.000,00
2900	Aktive Rechnungsabgrenzungsposten		
3040	Rückstellungen für Rechts- u. Beratungsaufwand		
3150	Darlehen[2]	5.000,00	80.000,00
3190	Verbindlichkeiten Bankomatkarten		
3300	Lieferverbindlichkeiten	952.480,00	988.000,00
3500	Umsatzsteuer 20 %[1]	2.418,00	140.299,60
3510	Erwerbsteuer[1]		10.989,00
3520	USt-Zahllast	23.190,00	2.709,00
3540	Verbindlichkeiten Finanzamt	11.397,99	13.011,60
3600	Verbindlichkeiten Krankenkasse	30.896,04	35.981,04
3610	Verbindlichkeiten Stadtkasse	2.532,45	2.931,45
3800	Sonstige Verbindlichkeiten	2.000,00	2.000,00
3850	Verbindl. gegen Mitarbeiter a.d. Bezugsverrechnung	58.591,38	58.591,38
4000	HW-Erlöse 20 %		701.498,00
4010	Erlöse aus ig. Lieferungen		111.357,00
4015	Exporterlöse		
4400	Erlösberichtigungen 20 %	8.030,00	
4410	Kundenskonti 20 %	4.060,00	
4840	Fremdwährungskursgewinne		56,85
4900	Eigenverbrauch 20 %		
5010	HW-Einsatz	542.916,00	
5600	Heizölverbrauch	2.000,00	
5880	Lieferantenskonti auf Wareneinkauf		7.110,00
6200	Gehälter	68.750,00	
6220	UB und WR Angestellte	12.500,00	
6560	Gesetzlicher Sozialaufwand	18.917,50	
6660	Dienstgeberbeitrag	3.656,25	
6670	Zuschlag zum Dienstgeberbeitrag	325,00	
6680	Kommunalsteuer	2.437,50	
6690	Wiener Dienstgeberabgabe	288,00	
7010	Abschreibungen von Sachanlagen		
7310	Paketgebühren 20 %	642,00	
7311	Paketgebühren 0 %	102,60	
7330	Lkw-Betriebsaufwand	7.300,00	
7380	Telefongebühren	2.600,00	
7381	Internetgebühren	1.430,00	
7390	Portogebühren	203,80	
7400	Mietaufwand	10.010,00	
7600	Büromaterial	2.850,00	
7650	Werbeaufwand	36.000,00	
7700	Versicherungsaufwand	7.800,00	
7750	Rechts- und Beratungsaufwand	5.000,00	
7780	Kammerumlage	255,00	
7790	Spesen des Geldverkehrs	544,73	
7815	Fremdwährungskursverluste	83,24	
7850	Übrige betriebliche Aufwendungen 20 %	9.698,00	
8100	Zinsenerträge aus Bankguthaben		867,56
8280	Zinsenaufwand für Bankkredite	70,00	
8290	Zinsenaufwand für Darlehen	2.800,00	
9000	Kapital		
9600	Privat	16.765,00	
9800	EBK	113.296,36	58.090,36
		5.104.789,04	5.104.789,04

Kunden- und Lieferantendateien per 30. Nov.

Kundendaten

20400 Albert Leipold OG, Niederhofstraße 13, 1120 Wien, UID-Nr.: ATU21497217, Kreditrahmen € 35.000,00

20401 Heinz Schober e.U., Landstraße 72, 4020 Linz, UID-Nr.: ATU53288801, Kreditrahmen € 80.000,00

20402 Uwe Wirth GmbH, Poccistraße 11, 80336 München, Deutschland, DE556842108, Kreditrahmen € 25.000,00

20403 OCS GmbH, Mühlsteinstraße 45–48, 86150 Augsburg, Deutschland, DE521478060, Kreditrahmen € 70.000,00

20999 Diverse Kunden*

* In der Praxis wird **für jeden Kunden ein eigenes Konto** angelegt. Aus Vereinfachungsgründen wird im Lehrmodell darauf verzichtet. Für jeden im Dezember neu zu erfassenden Kunden ist jedoch ein eigenes Konto anzulegen.

Die Liefer- und Zahlungsbedingungen lauten:

Lieferung auf Rechnung und Gefahr der Kunden, zahlbar und klagbar in Wien, 60 Tage Ziel, bei Zahlung innerhalb von 14 Tagen mit 2 % Skonto

Stand der Kundenkonten per 30. Nov.

Kundenkonten	Summen per 30. Nov.		Salden per 30. Nov.	
	Soll	Haben	Betrag	Fälligkeit
20400 Albert Leipold OG	40.560,00	36.000,00	4.560,00	19. 1. (A 409 vom 20. 11.)
20401 Heinz Schober e. U.	113.784,00	54.000,00	53.784,00	9. 12. (A 358 vom 10. 10.)
			6.000,00	27. 1. (A 418 vom 28. 11.)
20402 Uwe Wirth GmbH	32.800,00	32.800,00	0,00	
20403 OCS GmbH	142.200,00	142.200,00	0,00	
20999 Diverse Kunden	1.065.056,00	1.065.056,00	0,00	
	1.394.400,00	1.330.056,00	64.344,00	

Lieferantendaten

33400 Lanon AG, Schottenfeldgasse 60, 1070 Wien, UID-Nr.: ATU29732475, Kreditrahmen € 22.000,00
Zahlungsbedingungen: Bankeinzug innerhalb von 14 Tagen mit 3 % Skonto

33401 Mico Elektronik Österreich GmbH, Universitätsstraße 18, 6020 Innsbruck, UID-Nr.: ATU64376516, Kreditrahmen € 60.000,00
Zahlungsbedingungen: Zahlung innerhalb 60 Tagen ohne jeden Abzug

33402 Büromaschinen AG, Neubaugasse 46, 1070 Wien, UID-Nr.: ATU77624590, Kreditrahmen € 30.000,00
Zahlungsbedingungen: 60 Tage Ziel, bei Zahlung innerhalb 14 Tagen mit 3 % Skonto

33403 Harald Huber, Siegfriedstraße 55, 75210 Keltern, Deutschland, DE144135391, Kreditrahmen € 20.000,00
Zahlungsbedingungen: Zahlung innerhalb von 60 Tagen ohne jeden Abzug

33404 B4 BÜRO Lösungen Handelsgesellschaft m.b.H., Adenauerstraße 24, 97064 Würzburg, Deutschland, DE181764649, Kreditrahmen € 15.000,00
Zahlungsbedingungen: 60 Tage Ziel, bei Zahlung innerhalb von 14 Tagen mit 3 % Skonto

33405 Franz Rosenberger KG, Klederinger Straße 218, 2320 Schwechat, UID-Nr.: ATU61597249, Kreditrahmen € 10.000,00
Zahlungsbedingungen: Zahlung innerhalb von 10 Tagen ohne Abzug

33999 Diverse Lieferanten*

* In der Praxis wird **für jeden Lieferanten ein eigenes Konto** angelegt. Aus Vereinfachungsgründen wird im Lehrmodell darauf verzichtet. Für jeden im Dezember neu zu erfassenden Lieferanten ist jedoch ein eigenes Konto anzulegen.

Stand der Lieferantenkonten per 30. Nov.

Lieferantenkonten		Summen per 30. Nov.		Salden per 30. Nov.	
		Soll	Haben	Betrag	Fälligkeit
33400	Lanon AG	143.400,00	148.800,00	5.400,00	9. 12. (R 3876 vom 25. 11., E 192)
33401	Mico Elektronik Österreich GmbH	623.880,00	654.000,00	9.000,00	10. 12. (R 23456 vom 11. 10., E 171)
				21.120,00	20. 1. (R 24626 vom 21. 11., E 189)
33402	Büromaschinen AG	48.000,00	48.000,00	0,00	
33403	Harald Huber	42.450,00	42.450,00	0,00	
33404	B4 BÜRO Lösungen Handels GmbH	45.460,00	45.460,00	0,00	
33405	Franz Rosenberger KG	2.400,00	2.400,00	0,00	
33999	Div. Lieferanten	46.890,00	46.890,00	0,00	
		952.480,00	988.000,00	35.520,00	

Artikeldatei per 30. Nov.

Art.-Nr.	Bezeichnung	Bestand 1.1.			Zukäufe		Verkäufe		Bestand 30.11.	Verk.-preis	Mind.-bestand	Soll-bestand
		Stück	à €	Betrag (€)	Stück	Betrag (€)	Stück	Betrag (€)	Stück	€/Stk.	Stück	Stück
1400	Tischrechner Xantron RX 45	25	64,00	1.600,00	180	11.340,00	192	21.696,00	13	113,00	10	25
1401	Taschenrechner Lanon R 4	50	23,00	1.150,00	960	21.120,00	940	33.840,00	70	36,00	40	100
1402	Taschenrechner Lanon MR 5	32	33,00	1.056,00	300	9.600,00	241	12.291,00	91	51,00	30	100
1403	Farbscanner ScanJet	28	59,00	1.652,00	264	15.840,00	225	22.725,00	67	101,00	30	70
1404	Laserdrucker Canon LBP	22	565,00	12.430,00	204	114.852,00	203	177.016,00	23	872,00	10	30
1405	Aktenvernichter Ibico 200	8	801,00	6.408,00	60	44.640,00	62	72.540,00	6	1.170,00	5	10
1406	Netzwerkserver Giga 4000	20	1.380,00	27.600,00	156	212.628,00	162	302.848,00[1]	14	1.919,00	10	25
1407	PC-System Sky 600	50	476,00	23.800,00	144	67.536,00	157	109.900,00	37	700,00	10	45
1408	Notebook Omnibook	17	757,00	12.869,00	60	45.360,00	51	51.969,00	26	1.019,00	10	20
		252		88.565,00	2.328	542.916,00	2.233	804.825,00	347			

[1] € 310.878,00 abz. € 8.030,00 Preisnachlässe = € 302.848,00

[1] Ist das laufende Jahr z. B. das Jahr 2015, so ist das Jahr .. –1 das Jahr 2014.

Anlagendatei per 30. Nov.

Anlagen per 31. Dez. .. –1 (Jahr)[1]

Inventar-Nr.	Stück	Anlagegegenstand	Anschaffungstag	Lieferant	Anschaffungswert	Nutzungsdauer Jahre	Nutzungsdauer %	Buchwert per 31.12. .. –1
Betriebs- und Geschäftsausstattung								
6001	2	Schreibtische	5.2. . .–3	Büromaschinen AG, 1070 Wien	1.620,00	10	10	1.134,00
6002	6	Sessel	5.2. . .–3	Büromaschinen AG, 1070 Wien	1.340,00	10	10	938,00
6003	2	Büroschränke	5.2. . .–3	Büromaschinen AG, 1070 Wien	3.840,00	10	10	2.688,00
6004		Div. Gegenstände	10.2. . .–3	Diverse	50.400,00	8	12,5	31.500,00
6005	1	Kopiergerät	8.8. . .–3	Lanon AG, 1070 Wien	4.520,00	5	20	2.260,00
6006	1	Laptop	10.2. . .–2	Büromaschinen AG, 1070 Wien	1.530,00	4	25	765,00
6007		Div. Gegenstände	2.4. . .–2	Diverse	11.850,00	10	10	9.480,00
6008	1	Computer	14.9. . .–1	Mico GmbH, 6020 Innsbruck	2.400,00	5	20	2.160,00
6009		Div. Gegenstände	14.9. . .–1	Diverse	22.500,00	5	20	20.250,00
								71.175,00
Fahrzeuge								
7001	1	Renault	7.4. . .–2	Berger OG, 1210 Wien	21.200,00	5	20	12.720,00
7002	1	Mercedes	7.3. . .–1	Heinz Steiner e. U., 1120 Wien	15.000,00	3	$33\,\frac{1}{3}$	10.000,00
								22.720,00

3 Fallbeispiel – Handelsbetrieb

5 Dezembergeschäftsfälle

SbX
ID: 0132

Die **Belege** stehen Ihnen im SbX als PDF-Datei zur Verfügung.

Die **Buchungs- und Lagerbuchführungslisten** sind im Arbeitsbuch des computerunterstützten Rechnungswesens enthalten bzw. stehen im SbX als PDF-Dateien zur Verfügung.

Die Belege sind laufend zu **nummerieren, vorzukontieren** und in **Buchungs- bzw. Lagerbuchführungslisten** zu erfassen.

Beleggruppen	Symbol	Letzte Belegnummer am 30. Nov.
Kassabelege	K	1061
Eingangsrechnungen	E	197
Ausgangsrechnungen	A	422
Bankbelege	B	196
Sonstige Belege	S	114

Lieferscheine: letzte Nr. LS 422

5.1 Belege vom 1. Dez.

- Kauf von Büromaterial für die Verwaltung
- Treibstoff für eine Tankfüllung des Renault-Lkw
- Barzahlung von Portogebühren
- Herr Gruber hebt vom Bankkonto einen Betrag bar ab. Einlage in die Geschäftskassa (zu verbuchen über das Konto 2870)
- Kauf eines Büroschrankes und eines Drehsessels (Geschäftsausstattung, Abschreibung 10 %, Erfassung in der Anlagendatei, Inventarnummer 6010, 6011)

Aufgabe: a) Verbuchen Sie die Belege. C
b) Erfassen Sie die Anlagegüter in der Anlagendatei. C

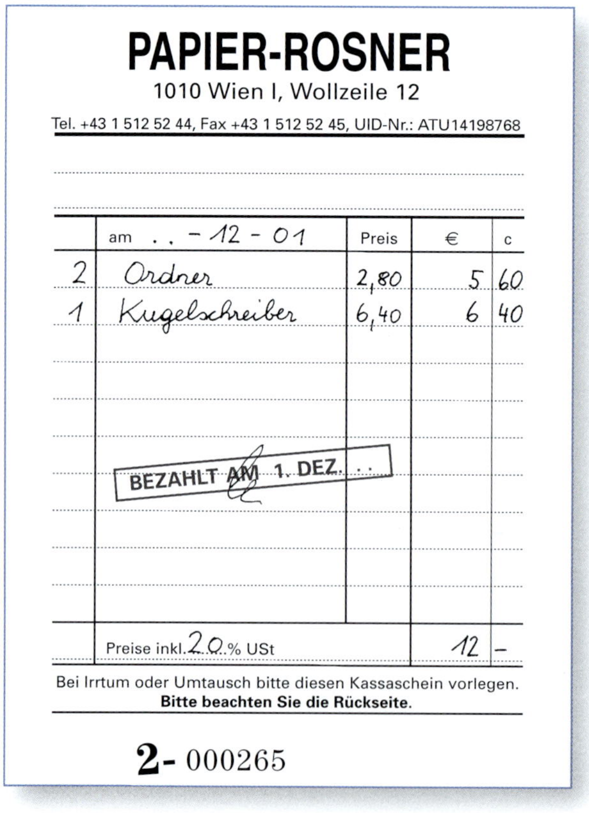

PAPIER-ROSNER
1010 Wien I, Wollzeile 12
Tel. +43 1 512 52 44, Fax +43 1 512 52 45, UID-Nr.: ATU14198768

	am . . – 12 – 01	Preis	€	c
2	Ordner	2,80	5	60
1	Kugelschreiber	6,40	6	40
	BEZAHLT AM 1. DEZ. . .			
	Preise inkl. 20 % USt		12	–

Bei Irrtum oder Umtausch bitte diesen Kassaschein vorlegen.
Bitte beachten Sie die Rückseite.

2- 000265

SHELL-SERVICE ZURAWSKI GMBH
1100 WIEN TRIESTER STRASSE 154
TEL.+43 1 88 13 464 FAX 949 UID-ATU17261246

R E C H N U N G S - NR.: 245207
NR:40131 (03 2 1) 01.12.20 . . 13:06:17

BESCHREIBUNG	MENGE	SUMME-EUR	M
*ZP02 DIESEL	22,02 L	30.00E	*B
G E S A M T BETRAG EUR :		30.00	
BAR EUR		30.00	

MWST B 20.00% VON	25.00	5.00	
MWST GESAMT EUR		5.00	

DATEN AUS GEEICHTEN ANLAGETEILEN
SIND DURCH STERNE (*) GEKENNZEICHNET.

ES BEDIENTE: FR. ULRIKE
TRS & SC-PRÄMIEN IM NAMEN UND AUF RECHNUNG
SHELL AUSTRIA GMBH, 1220 WIEN, ATU14189803
VIGNETTEN IM NAMEN & RECHNUNG DER ASFINAG

Österreichische Post AG
UID-Nr: ATU46674503
1010 Wien
Fleischmarkt 19
Tel. 0577 677 - 1010
Internet: www.1010.post.at

....

....

Es bediente Sie:
Frau Silvia Auer Datum: 01.12.20.. 14:23

Rechnung Nr.: 10100399020396

Stk	Bezeichnung	EUR	
15	Briefmarke 0,62 Euro	9,30	0
10	Briefmarke 0,90 Euro	9,00	0
1	Brief Österreich, Maxi	1,45	0
1	EMS Inland, Österreich bis 4 kg	10,93	2
	Lkw-Maut	0,17	2

Sendungsnummer(n):
1010050012003212 PLZ: 9020

SUMME **30,85**

0 % USt.	19,75	0,00	0
20 % USt.	9,25	1,85	2

....

Vielen Dank für den Versand Ihrer Sendung(en)
mit der Österreichischen Post AG!

Raiffeisenbank Wien AUSZAHLUNG

AT143200000007032816 HEINZ GRUBER E.U. EUR ********1.500,00-

01.12. . . 15:09 MMK 01487 w2195ph P/0002

Zeichen Heinz Gruber
Unterschrift/Losungswort

ING. OTTO RAUCH E.U.
B Ü R O M Ö B E L
1100 WIEN, WAGNERGASSE 10

TELEFON: +43 1 640 28 13
FAX: +43 1 640 28 49
E-MAIL: office@moebelrauch.at
WEBSITE: www.moebelrauch.at

Heinz Gruber e. U.
Wipplingerstraße 82
1010 Wien

RECHNUNG

Nummer: 4115 Seite: 1
Datum: 01.12. . .
Kunde: 100131
Kunden-UID-Nr.: ATU21476150
Lieferdatum: 01.12. . .

Pos	Bezeichnung		Menge	Preis	Betrag EUR
1	10500	Büroschrank B 100	1	860,00	860,00
2	23050	Drehsessel Collection Elite 4782	1	460,00	460,00

	Zwischensumme	1.320,00
Mehrwertsteuer 20 % auf EUR 1.320,00		264,00
Zahlung: sofort ohne Abzug	Endbetrag EUR	1.584,00

Lieferung: frei Haus

BEZAHLT 01. Dez. . .
Koller

Bankverbindung: UniCredit Bank Austria AG, BIC BKAUATWW, IBAN AT63 1200 0500 5440 2505
UID-Nr.: ATU19776240 Handelsgericht Wien, FN 106975t DVR: 0062348

Die Wareneinkäufe werden in der **Kontenklasse 5** verbucht. Die Eingangsrechnungen für die Wareneinkäufe sind **auch in der Lagerbuchführung** zu erfassen. (In der Praxis werden die Wareneingänge in der Lagerbuchführung häufig aufgrund der Lieferscheine erfasst, da die Rechnungen oft erst mit Verspätung eintreffen.)

Eingangsrechnungen werden mit dem Rechnungsdatum verbucht.

5.2 Belege vom 2. Dez. und 3. Dez.

- Wareneinkauf von der Lanon AG
- Wareneinkauf von der B4 BÜRO Lösungen Handelsgesellschaft m.b.H. (innergemeinschaftlicher Erwerb)

Ein **innergemeinschaftlicher (ig.) Erwerb** liegt unter anderem dann vor, wenn

- der Gegenstand der Lieferung vom Lieferanten **an den Käufer** (Abnehmer, Erwerber) **von einem Mitgliedsstaat** (z. B. Deutschland) **in das Inland** (z. B. Österreich) gelangt,
- der **Käufer** ein **Unternehmer** ist, der den Gegenstand für sein Unternehmen erwirbt, und
- der **Lieferant** die **Lieferung im Rahmen seines Unternehmens** ausführt.

Weist sich der **Käufer** (Erwerber) mit seiner **UID-Nummer** gegenüber dem Lieferanten im EU-Gemeinschaftsgebiet aus, so **kann der Lieferant steuerfrei liefern.** Der (österreichische) Käufer (Erwerber) muss jedoch im Regelfall **Erwerbsteuer** (Umsatzsteuer aus ig. Erwerben), z. B. **20 % bzw. 10 %, entrichten.** Bemessungsgrundlage für die Berechnung der Erwerbsteuer ist das **Entgelt laut Rechnung.**

Die **Erwerbsteuer** ist vom Unternehmer **selbst zu berechnen** und in der **Umsatzsteuervoranmeldung** auszuweisen. Ihr steht beim inländischen Unternehmer im Normalfall ein **Vorsteuerabzug** (Vorsteuer aus ig. Erwerb) **in gleicher Höhe** gegenüber.

Bei EDV-Buchführungen erfolgt die **Verbuchung der Vorsteuer aus ig. Erwerben und der Erwerbsteuer** in der Regel **automatisch.** Die entsprechende Buchung dazu lautet:

2510 Vorsteuer aus ig. Erwerben / 3510 Erwerbsteuer

- Reparatur des Mercedes-Lkw, ER von Heinz Steiner e. U. (Zahlung mit Firmen-Bankomatkarte)

Aufgabe: a) Verbuchen Sie die Belege. C
b) Erfassen Sie die Lagerbewegungen in der Lagerbuchführung. C

LANON AG

ELEKTRONISCHE GERÄTE ALLER ART
1070 WIEN, SCHOTTENFELDGASSE 60

Heinz Gruber e. U.
Büromaschinenhandel
Wipplingerstraße 82
1010 Wien

EINGEGANGEN 3. Dez. . .

Ihr Zeichen, Ihre Bestellung vom	Unser Zeichen	Kunden-UID-Nummer	Datum
H/G, 20. Nov. . .	S/SB	ATU21476150	2. Dez. . .

Rechnung Nr. 3926

Wir lieferten Ihnen auf unsere Rechnung und Gefahr am 2. Dez. . . . Zahlbar und klagbar in Wien.

Menge	Einheit	Artikelbezeichnung	Preis EUR	Betrag
30	Stk.	Taschenrechner LANON R 4	24,00	720,00
20	Stk.	Taschenrechner LANON MR 5	34,00	680,00
				1.400,00
		+ 20 % USt		280,00
				1.680,00
		Bankeinzug innerhalb von 14 Tagen abzüglich 3 % Skonto		

Telefon: +43 1 667 18 13-0 Fax: +43 1 667 18 13-15	Website: www.lanon.at E-Mail: office@lanon.at	Geschäftszeit: MO–FR 8–18 Uhr SA 8–17 Uhr	UID-Nr.: ATU29732475 Firmenbuch: Handelsgericht Wien FN 8317 b ARA-LNr.: 9124 DVR: 0024672	BAWAG P.S.K. BIC: OPSKATWW, IBAN: AT79 6000 0000 0725 2583 UniCredit Bank Austria AG BIC: BKAUATWW, IBAN: AT98 1200 0006 1671 4806

B4 BÜRO Lösungen
Handelsgesellschaft m.b.H.
97064 Würzburg, Adenauerstraße 24
www.B4-buero.de

DE181764649

EINGEGANGEN 3. Dez. . .

BÜRO Lösungen

Heinz Gruber e. U.
Wipplingerstraße 82
1010 Wien

RECHNUNG

Kunden-Nr.	Kunden-UID-Nr.	Rechnung-Nr.	Datum
20408	ATU21476150	11038	02.12. . .

▲ **Bitte bei Zahlung angeben** ▲

Ihre Bestellung	vom	Auftrags-Nr.
FAX	20.11. . .	4876/0

Versandart	Lieferdatum
DURCH SPEDITEUR	03.12. . .

Art.-Nr.	Bezeichnung	Menge	Preis	Betrag EUR
B 87093	Aktenvernichter Ibico 200	5	750,00	3.750,00
	Steuerfreie innergemeinschaftliche Lieferung			

Betrag EUR	Zu- und Abschläge EUR	steuerpfl. Betrag EUR	Ums.-Steuer %	Umsatzsteuer EUR	Endbetrag EUR
3.750,00	0,00	3.750,00	0,00 %	0,00	3.750,00

Konditionen: 60 Tage Ziel, bei Zahlung innerhalb von 14 Tagen 3 % Skonto

Unsere Lieferungen erfolgen auf der Grundlage unserer auf der Rückseite abgedruckten ALLGEMEINEN GESCHÄFTSBEDINGUNGEN.
Die gelieferte Ware bleibt bis zur völligen Bezahlung unser Eigentum.

Hausanschrift
Adenauerstraße 24
97064 Würzburg

Fernruf
+49 931 182-01

Telefax
+49 931 182-40

E-Mail
buero@B4-buero.de

Postgiro
Stuttgart
BIC: PBNKDEFF600
IBAN: DE31 6001 0070 0016 8928 09

Bankverbindung für Auslandsüberweisungen:
Commerzbank AG, Würzburg
BIC: DRESDEFF790
IBAN: DE71 7908 0052 0314 8760 04

Handelsregister Würzburg HRB-Nr. 1892 · Geschäftsführer Dr. Wilhelm Frank

HS

HEINZ STEINER E.U.

1120 WIEN, ARNDTSTRASSE 92
Neuwagenverkauf
Gebrauchtwagenverkauf
Zentralersatzteillager
Zubehörverkauf
Werkstättenbetrieb
Karosseriereparatur
Lackiererei

Heinz Gruber e.U.
Wipplingerstraße 82
1010 Wien

EINGEGANGEN 3. Dez. . .

RECHNUNG NR. 3786

Kunden-Nr.	Fahrzeug	Zulassungsdatum	Pol.-KZ	Lieferdatum
20469	Mercedes Benz Sprinter	6. März . .	W 48325 B	3. Dez. . .
Kunden-UID-Nr.	Fahrgestell-Nr.	km-Stand		Rechnungsdatum
ATU21476150	19676/8769	62.800		3. Dez. . .

Ausgeführte Arbeiten:

Kontrolle und Instandsetzung der Bremsanlage

Bezahlt am 3.12. ..
mit Bankomatkarte
K. Scholz

01 Kundendienst	02 Arbeitspreis	03 Ersatzteile	04 Sonstige Teile	05 Fremdleistung	06 Lackierung
	70,80	120,10			
07 Opt. Vermess.	08 Kleinmaterial	09 Begutachtung	10 Fahrzeit	11 km-Kosten	12 Kollekt. Montagen
	4,10				
13 Öle, Schmierst.					

Zwischensumme	MWSt 20 %	Rechnungsbetrag
195,00	39,00	EUR 234,00

Handelsgericht Wien, FN 175382s

Erfüllungsort und Gerichtsstand Wien. Handelsbank AG, BIC: HBAGATWW IBAN: AT79 2051 0001 5261 3443 UID-Nr.: ATU72943675 DVR: 0072375

Telefon: +43 1 830 21 12-0 Telefax: +43 1 830 45 13 E-Mail: verkauf@h-steiner.at Website: www.h-steiner.at

5.3 Bestellungen – 5. Dez.

- Warenverkauf an PC Informatik (Bestellung im Onlineshop), Export

Ein **Export** (eine **Ausfuhr**) liegt vor, wenn der **Gegenstand der Lieferung in ein Drittland** befördert oder versendet wird. Exporte sind **beim Lieferanten umsatzsteuerfrei** (echte Steuerbefreiung).

Für die PC Informatik ist ein neues Kundenkonto (20404) anzulegen. Kreditrahmen € 20.000,00, Zahlungsbedingungen wie bei den anderen Kunden.

- Bestellung des Kunden Albert Leipold OG per Fax
- Anlässlich eines Besuches durch einen Außendienstmitarbeiter der Heinz Gruber e. U. hat der Kunde Heinz Schober einen Auftrag zur Warenlieferung erteilt.
- Schriftliche Bestellung des Kunden Uwe Wirth GmbH (innergemeinschaftliche Lieferung)

Eine **innergemeinschaftliche (ig.) Lieferung** liegt unter anderem dann vor, wenn
- der Gegenstand der Lieferung in das **übrige Gemeinschaftsgebiet,** z. B. Deutschland **befördert oder versendet** wird,
- der **Käufer** (Abnehmer) ein **Unternehmer** ist, der den Gegenstand für sein Unternehmen erworben hat, und
- der Erwerb des Gegenstandes **beim Käufer** (im anderen Mitgliedsstaat) **umsatzsteuerbar** ist.

Entsprechend dem **Bestimmungslandprinzip** sind innergemeinschaftliche Lieferungen **beim Lieferanten** (Verkäufer) **umsatzsteuerfrei** und beim **Käufer** (Abnehmer) **umsatzsteuerpflichtig.**

Der **Lieferant** muss bei einer ig. Lieferung eine **Rechnung** ausstellen, auf der **seine eigene Umsatzsteueridentifikationsnummer** und **die des Kunden** aufscheinen und auf die **Steuerfreiheit der Lieferung** (z. B. „Umsatzsteuerfreie innergemeinschaftliche Lieferung“) hingewiesen wird.

Alle Lieferungen: 60 Tage Ziel, bei Zahlung innerhalb von 14 Tagen mit 2 % Skonto

Aufgabe: a) Erstellen Sie die Lieferscheine und Ausgangsrechnungen. C
b) Erfassen Sie die Lagerbewegungen in der Lagerbuchführung. C
c) Nehmen Sie die erforderlichen Buchungen vor. C

Kunde: PC Informatik, Petra Cubik
Konto-Nr.: 20404
Seite: 1
Datum: 5. Dez. . .
Belegnummer: WEB 0014

ONLINESHOP-BESTELLUNG

Firmenbezeichnung: PC Informatik, Petra Cubik
Rechnungsadresse: Oberwilerstraße 3, CH-8442 Hettlingen
Lieferadresse: Oberwilerstraße 3, CH-8442 Hettlingen

Telefon: +41 52 304 14 14
Telefax: +41 52 304 14 99
Website: www.pc-informatik.ch
E-Mail: sales@pc-informatik.ch

Bankverbindung: Credit Suisse, Winterthur, Routing # 4791, Acc. # 803 252-41, S.W.I.F.T(BIC): CRESCHZZ84A IBAN: CH58 4791 0080 3252 4100 0

Gewünschter spätester Liefertermin: 12. Dez. . .
Lieferaviso: Frau Ute Brecht

Pos.	Art.-Nr.	Menge	Bezeichnung	Einzelpreis	Gesamtpreis
1	1401	30	Taschenrechner Lanon R4	36,00	1.080,00
2	1403	10	Farbscanner ScanJet	101,00	1.010,00
3	1404	5	Laserdrucker Canon LBP	872,00	4.360,00

03/12/. . 09:40 FAX 01 7453218 LEIPOLD OG Wien →→→ GRUBER E.U. WIEN 002

Das moderne Büro
Albert Leipold OG

Niederhofstraße 13
1120 Wien

Telefon: +43 1 745 21 23-0
Fax: +43 1 745 32 18
Mobil: +43 664 191 23 96
E-Mail: buero@leipold.at
Website: www.leipold.at
HG Wien, FN 6724p

EINGEGANGEN 3. Dez. . .

Heinz Gruber e.U.
Wipplingerstraße 82
1010 Wien

Ihr Zeichen, Ihre Nachricht vom	Unser Zeichen	Ihre UID-Nummer	Datum
–	A/L	ATU21476150	3. Dez. . .

BESTELLUNG Nr. 12.677/. .

Wir bestellen aufgrund Ihrer Preisliste vom 15. November . .

25 Stück Taschenrechner LANON MR 5, Artikel Nr. 1402
10 Stück Farbscanner ScanJet, Artikel Nr. 1403
2 Stück Aktenvernichter Ibico 200, Artikel Nr. 1405
6 Stück Netzwerkserver Giga 4000, Artikel Nr. 1406

zu den vereinbarten Liefer- und Zahlungsbedingungen. Die Lieferung muss bis spätestens 9. Dezember . . erfolgen.

Mit besten Grüßen

Albert Leipold OG

Leipold

Bankverbindung: Kommerzbank AG, Wien
BIC: KMAGATWW, IBAN: AT33 1245 2009 9978 9123
Handelsgericht Wien, FN 199744t

UID-Nr.: ATU21497217

DVR: 0072391

Büromaschinen
Heinz Gruber e.U.
Wipplingerstraße 82
1010 Wien

Telefon: +43 1 613 63 34-0
Fax: +43 1 613 63 34-20
E-Mail: office@gruber.at
Website: www.gruber.at
UID-Nr.: ATU21476150
DVR-Nr.: 0098924
Handelsgericht Wien, FN 207163p

AUFTRAGSBELEG

Kunden-Nr.: 20401

Kunden UID-Nr.: ATU53288801

Kunde
Heinz Schober e. U.
Landstraße 72
4020 Linz

Frau/Herr: Schober

Lieferadresse

Telef. Aviso

Datum 3. Dez. . .

~~Telefonat~~ / Besuch

Aufgenommen von: Rosner

Liefertermin: spät. 9. Dez. Lieferart: frei Haus

Bestell-Nr.: 424

Lieferbemerkung:

Zieltage | Skonto %

Menge	ME	Artikelnummer	Warenbezeichnung	Preis	Rabatt
1		1406	Netzwerkserver Giga 4000		
10		1407	PC-System Sky 600		
5		1408	Notebook Omnibook		
			Schober		

UWE WIRTH GMBH

POCCISTRASSE 11 – 80336 MÜNCHEN

☎ +49 89 97 46 42 – 103 – FAX: +49 89 97 46 42 – 216
E-Mail: office@wirth-muenchen.de Internet: www.wirth-muenchen.de

Heinz Gruber e. U.
Wipplingerstraße 82
1010 Wien
ATU21476150

EINGEGANGEN 5. Dez. . .

Datum: 02. Dez. . .

Sachbearbeiter: H/K

Bestellschein Nr. 3.458/. .

Wir bestellen zu den vereinbarten Liefer- und Zahlungsbedingungen folgende Artikel:

Artikel-Nr.	Menge	Bezeichnung	Einzelpreis	Gesamtpreis
1 4 0 0	5	Tischrechner Xantron RX 45	113,00	EUR 565,00
1 4 0 3	10	Farbscanner ScanJet	101,00	EUR 1.010,00
1 4 0 5	1	Aktenvernichter Ibico 200	1.170,00	EUR 1.170,00
1 4 0 7	14	PC-System Sky 600	700,00	EUR 9.800,00
1 4 0 8	2	Notebook Omnibook	1.019,00	EUR 2.038,00
			Gesamtbetrag	EUR 14.583,00

Liefertermin: 10. Dezember . .

München, 2. Dezember . .

Ort, Datum

Uwe Wirth

Unterschrift

Geschäftszeiten:
Mo–Fr 8.00–17.00 Uhr
Sa 9.00–16.00 Uhr

Bankverbindung:
Postbank München
IBAN: DE79 7001 0080 0579 3009 09
BIC: PBNKDEFF700

Registergericht:
Amtsgericht München
HRB 2085
USt-Identifikationsnummer:
DE556842108

Geschäftsführer:
Uwe Wirth
Linda Pfister

5.4 Belege vom 9. Dez.

Bei einem **Bankeinzug** werden von den Kreditinstituten üblicherweise keine weiteren Belege erstellt. Die Verbuchung erfolgt aufgrund der entsprechenden Zeile auf dem Kontoauszug.

Kontoauszug der Bank

- Lastschrift über die Barabhebung von Herrn Gruber vom 1. Dez. . .
- Bankeinzug durch den Vermieter Mag. Oswald Sperl für Miete 12/. . € 910,00 + € 182,00 USt = € 1.092,00
- Bankeinzug durch die Allgemeine Versicherungs-AG für die Folgeprämie der Feuerversicherung des Betriebsgebäudes (Versicherungszeitraum: 2. Dez. . . bis 1. Dez. n. J.) € 4.260,00
- Bankeinzug der Internetgebühren durch den Provider UPC-Wien für Dezember 12/. . € 130,00 + € 26,00 USt = € 156,00
- Belastung für die Zahlung der Lkw-Reparatur am 3. Dez. mit Firmen-Bankomatkarte
- Überweisung an die Mico Elektronik Österreich GmbH mittels Electronic Banking

Aufgabe: Verbuchen Sie die Belege. C

Bankbewegungen sind mit dem in der entsprechenden Buchungszeile ausgewiesenen **Datum des Wertstellungstages,** welches in der **Spalte „Wert“** angegeben ist, zu verbuchen.

IBAN: AT14 3200 0000 0703 2816 — RAIFFEISENBANK WIEN AG — 28 — BIC: RLNWATWW
TEL.: 05 1700 1700 — DVR: 0031585
www.raiffeisenbankwien.at

* Firmenkonto *		WERT	BETRAG IN EUR
ALTER KONTOSTAND			55.214,80
01.12.20..	Barabhebung	01.12.20..	1.500,00 –
02.12.20..	Mag. Sperl, Miete 12/..	02.12.20..	1.092,00 –
02.12.20..	Allg. Versicherungs-AG - Feuer 12/..-12/..	02.12.20..	4.260,00 –
03.12.20..	UPC-Wien, Internetgebühren 000027317594	03.12.20..	156,00 –
03.12.20..	Heinz Steiner e.U. 3786 K1 03.12. um 17:28	03.12.20..	234,00 –
09.12.20..	Mico GmbH, R 23456/11.10.20..	09.12.20..	9.000,00 –
	POS	SUMME GUTSCHRIFTEN	0,00
		SUMME LASTSCHRIFTEN	16.242,00 –
		NEUER KONTOSTAND GUTHABEN	38.972,80

Heinz Gruber e.U.
Wipplingerstraße 82
1010 Wien

AUSZUG 197/BLATT 001 VOM 09.12.20 . .

Raiffeisen Meine Bank

9.12.20. . — **Raiffeisen ELBA-Internet - Aufträge - Druckvorschau**

>> Mein Bankgeschäft >> Zahlungsverkehr >> Aufträge

Auftragsbestätigung

Empfänger:	Mico GmbH
IBAN / BIC:	AT19 2035 1007 1631 8305 / KMAGATWW
Bank Empfänger:	Kommerzbank AG
Auftraggeber:	Heinz Gruber e.U. 1010 Wien, Wipplingerstraße 82
IBAN / BIC:	AT14 3200 0000 0703 2816 / RLNWATWW
Betrag:	9.000,00 EUR
Verwendungszweck:	R 23456/11.10.20..
Kundendaten:	020844023456

Verfüger: Heinz Gruber e.U. — **Datum:** 09.12.20.. — **Uhrzeit:** 14:20
Art: Inlandsüberweisung — **cardTAN:** 0627152

Angemeldet als: Heinz Gruber e.U. — © Raiffeisen

5.5 Belege vom 10. Dez.

- Kauf von Büromaterial
  Für die Alexander Böhm e. U. ist ein neues Lieferantenkonto (33406) anzulegen.
- Wareneinkauf von der Büromaschinen AG
  Die neuen Artikel der Lieferung der Büromaschinen AG sind in der Artikeldatei anzulegen:

Art.-Nr.	Bezeichnung	Einstandspreis €/Stk.	Verkaufspreis €/Stk.	Mindestbestand Stück	Sollbestand Stück
1409	Hebelschneidemaschine Ideal 1000	65,00	90,00	3	10
1410	Bindemaschine Rapid SR	460,00	620,00	2	5

Aufgabe: a) Legen Sie das neue Lieferantenkonto an. C
b) Führen Sie die Anlage der Artikel in der Artikeldatei durch. C
c) Verbuchen Sie die Belege. C
d) Erfassen Sie die Lagerbewegungen in der Lagerbuchführung. C

AB PAPIER

ALEXANDER BÖHM E.U.

GROSSHANDEL MIT PAPIERWAREN

1011 Wien, Krugerstraße 8
Telefon: +43 1 653 02 14–0 – Fax: +43 1 653 02 14–20
E-Mail: papier@boehm.com – Website: www.boehm.com

Heinz Gruber e.U.
Wipplingerstraße 82
1010 Wien

EINGEGANGEN 11. Dez. . .

RECHNUNG NR. 18234

Rechnungsdatum	Ihr Auftrag vom	Ihre UID-Nummer	Unser Zeichen
10. Dez. . .	28. Nov. . .	ATU21476150	L/S

Lieferschein Nr.	Tag der Lieferung/Leistung	Vertreter
20456	10. Dez. . .	–

Anzahl	Text	Preis	Betrag
30	Ordner "Fix 2000"	2,00	60,00
70	Pakete Kopierpapier	5,00	350,00
2	Pakete Versandtaschen C 5 mit Fenster	18,00	36,00
1	Hebelblockhefter	44,00	44,00
	2 Monate Ziel, bei Barzahlung innerhalb 8 Tagen 2 % Skonto		

Lieferung/Leistung	Material	USt %	USt-Betrag	Gesamtrechnungssumme
EUR 490,00		20	EUR 98,00	EUR 588,00

Bankverbindung: Raiffeisenbank Wien
BIC: RLNWATWW IBAN: AT97 3200 0000 0051 8548

Handelsgericht Wien
Firmenbuchnummer FN 207686x

UID-Nr.: ATU41962845
DVR: 0071706

Es gelten die allgemeinen Liefer- und Zahlungsbedingungen. – Bei Zielüberschreitung werden 10% p.a. Verzugszinsen verrechnet. – Zahlbar und klagbar in Wien.

BAG
Büromaschinen AG
Neubaugasse 46
1070 Wien

Hard- & Software | Zubehör | Kommunikationstechnik | Service | Beratung

Heinz Gruber e.U.
Wipplingerstraße 82
1010 Wien

EINGEGANGEN 12. Dez. . .

Ihr Zeichen, Ihre Bestellung vom	Unser Zeichen	Ihre UID-Nummer	Datum
H/G, 16. Nov. . .	*V/k*	*ATU21476150*	*10. Dez. . .*

Rechnung Nr. *13847*

Wir lieferten Ihnen auf unsere Rechnung und unsere Gefahr am 10. Dez. . . . Zahlbar und klagbar in Wien.

Menge	Einheit	Artikelbezeichnung	Preis €	Betrag €
10	*Stück*	*Tischrechner Xantron RX 45*	*62,00*	*620,00*
5	”	*Hebelschneidemaschinen Ideal 1000*	*65,00*	*325,00*
3	”	*Bindemaschinen Rapid SR*	*460,00*	*1.380,00*
				2.325,00
		+ 20 % USt		*465,00*
				2.790,00
		60 Tage Ziel, bei Barzahlung innerhalb 14 Tagen 3 % Skonto		

Telefon: +43 1 438 18 97-0 Telefax: +43 1 438 18 97-80	Website: www.bueroag.at E-Mail: office@bueroag.at	Geschäftszeit: Mo–Fr 8–18 Uhr, Sa 9–17 Uhr	UID-Nr.: ATU77624590 Firmenbuch: HG Wien, FN 18720 d ARA-LNr.: 2197 DVR: 0012987	Handelsbank AG BIC: HBAGATWW, IBAN: AT63 2051 0000 0487 6232 BAWAG P.S.K. AG BIC: OPSKATWW, IBAN: AT47 6000 0000 0234 4765

5.6 Belege vom 11. Dez.

Kontoauszug der Bank

- Bankeinzug durch die Lanon AG, R 3876 (E 192) vom 25.11.20.. € 5.400,00 abzüglich 3 % Skonto (€ 162,00)
- Überweisung vom Kunden Albert Leipold OG
- A1 Telekom Austria AG-Rechnung (Einziehungsauftrag aufgrund der Rechnung 11/20..)
- Überweisung an die Gebietskrankenkasse

Aufgabe: Verbuchen Sie die Belege. C

IBAN: AT14 3200 0000 0703 2816 — RAIFFEISENBANK WIEN AG — 28 — BIC: RLNWATWW
TEL.: 05 1700 1700 — DVR: 0031585
www.raiffeisenbankwien.at

* Firmenkonto *		WERT	BETRAG IN EUR
ALTER KONTOSTAND			38.972,80
09.12.20..	Lanon AG, R 3876/25.11.20..	09.12.20..	5.238,00 –
10.12.20..	Gutschrift	11.12.20..	18.979,46
11.12.20..	A1 Telekom Austria Aktiengesellschaft Rechnungsnr. 01232016136334 vom 06.12.20.. fällig 11.12.20.. Betrag EUR 822,00	11.12.20..	822,00 –
11.12.20..	Wiener Gebietskrankenkasse, 19101604, Saldo-11/..	11.12.20..	5.085,00 –

POS — SUMME GUTSCHRIFTEN 18.979,46
SUMME LASTSCHRIFTEN 11.145,00 –

Heinz Gruber e.U.
Wipplingerstraße 82
1010 Wien

NEUER KONTOSTAND
GUTHABEN 46.807,26

AUSZUG 198/BLATT 001 VOM 11.12.20..

Raiffeisen Meine Bank

AT Raiffeisenbank — ZAHLUNGSANWEISUNG

EmpfängerIn Name/Firma: Heinz Gruber e. U., 1010 Wien
IBAN EmpfängerIn: AT14 3200 0000 0703 2816
BIC (SWIFT-Code) der Empfängerbank: RLNWATWW
Ein BIC ist immer verpflichtend, wenn der EmpfängerIn IBAN ungleich AT beginnt.
EUR — Betrag/Cent: 18.979,46
Nur zur maschinellen Befüllung der Zahlungsreferenz — Prüfziffer
Verwendungszweck: Rechnung Nr. 424 abzüglich 2 % Skonto
€ 19.366,80 – € 387,34 Skto. = € 18.979,46
IBAN KontoinhaberIn/AuftraggeberIn: AT33 1245 2009 9978 9123
KontoinhaberIn/AuftraggeberIn Name/Firma: Leipold OG, Niederhofstraße 13, 1120 Wien

006

Leipold
Unterschrift ZeichungsberechtigteR

Betrag — 30+ — Beleg +

11.12.20. . **Raiffeisen ELBA-Internet - Aufträge - Druckvorschau**

>> Mein Bankgeschäft >> Zahlungsverkehr >> Aufträge

Auftragsbestätigung

Empfänger:	Wiener Gebietskrankenkasse
IBAN / BIC:	AT16 6000 0000 0220 0114 / OPSKATWW
Bank Empfänger:	BAWAG P.S.K.
Auftraggeber:	Heinz Gruber e.U. 1010 Wien, Wipplingerstraße 82
IBAN / BIC:	AT14 3200 0000 0703 2816 / RLNWATWW
Betrag:	5.085,00 EUR
Verwendungszweck:	19101604, Saldo-11/. .
Kundendaten:	19101604

Verfüger: Heinz Gruber e.U. **Datum:** 11.12.20. . **Uhrzeit:** 09:35
Art: Inlandsüberweisung **cardTAN:** 0657861

Angemeldet als: Heinz Gruber e.U. © Raiffeisen

5.7 Belege vom 15. Dez.

Privateinlage von Heinz Gruber auf das Bankkonto

Kontoauszug der Bank

- Überweisungen an die Stadtkasse
- Überweisung an das Finanzamt (Electronic Banking)

Aufgabe: Verbuchen Sie die Belege. C

Raiffeisenbank Wien EINZAHLUNG

AT143200000007032816 HEINZ GRUBER E.U. EUR ********1.000,00

15.12... 15:03 MMA 00688-w2195we P/0001

Heinz Gruber

Zeichen Unterschrift/Losungswort

IBAN: AT14 3200 0000 0703 2816 | RAIFFEISENBANK WIEN AG | 28 | BIC: RLNWATWW
TEL.: 05 1700 1700 | DVR: 0031585
www.raiffeisenbankwien.at

* Firmenkonto *		WERT	BETRAG IN EUR
ALTER KONTOSTAND			46.807,26
15.12.20..	Stadt Wien, MA 6 - BA 33, Dienstgeberabgabe 11/20..	15.12.20..	24,00 –
15.12.20..	Stadt Wien, MA 6 - BA 33, Kommunalsteuer 11/20	15.12.20..	375,00 –
15.12.20..	Finanzamt Wien 1/23, U 10/20.., L, DB, DZ, 11/20	15.12.20..	4.174,61 –

POS

SUMME GUTSCHRIFTEN	0,00
SUMME LASTSCHRIFTEN	4.573,61 –
NEUER KONTOSTAND GUTHABEN	42.233,65

Heinz Gruber e.U.
Wipplingerstraße 82
1010 Wien

AUSZUG 199/BLATT 001 VOM 15.12.20 . .

Raiffeisen
Meine Bank

15.12.20. . **Raiffeisen ELBA-Internet - Aufträge - Druckvorschau**

>> Mein Bankgeschäft >> Zahlungsverkehr >> Aufträge

Auftragsbestätigung

Empfänger:	Stadt Wien, MA 6 - BA 33
IBAN / BIC:	AT41 1200 0006 9625 0109 / BKAUATWW
Bank Empfänger:	UniCredit Bank Austria AG
Auftraggeber:	Heinz Gruber e.U. 1010 Wien, Wipplingerstraße 82
IBAN / BIC:	AT14 3200 0000 0703 2816 / RLNWATWW
Betrag:	24,00 EUR
Verwendungszweck:	Dienstgeberabgabe 11/20. .
Kundendaten:	010471117015

Verfüger: Heinz Gruber e.U. **Datum:** 15.12.20. . **Uhrzeit:** 08:10
Art: Inlandsüberweisung **cardTAN:** 0652214

Angemeldet als: Heinz Gruber e.U. © Raiffeisen

15.12.20. . **Raiffeisen ELBA-Internet - Aufträge - Druckvorschau**

>> Mein Bankgeschäft >> Zahlungsverkehr >> Aufträge

Auftragsbestätigung

Empfänger:	Stadt Wien, MA 6 - BA 33
IBAN / BIC:	AT41 1200 0006 9625 0109 / BKAUATWW
Bank Empfänger:	UniCredit Bank Austria AG
Auftraggeber:	Heinz Gruber e.U. 1010 Wien, Wipplingerstraße 82
IBAN / BIC:	AT14 3200 0000 0703 2816 / RLNWATWW
Betrag:	375,00 EUR
Verwendungszweck:	Kommunalsteuer 11/20. .
Kundendaten:	010471117015

Verfüger: Heinz Gruber e.U. **Datum:** 15.12.20. . **Uhrzeit:** 08:15
Art: Inlandsüberweisung **cardTAN:** 0712468

Angemeldet als: Heinz Gruber e. U. © Raiffeisen

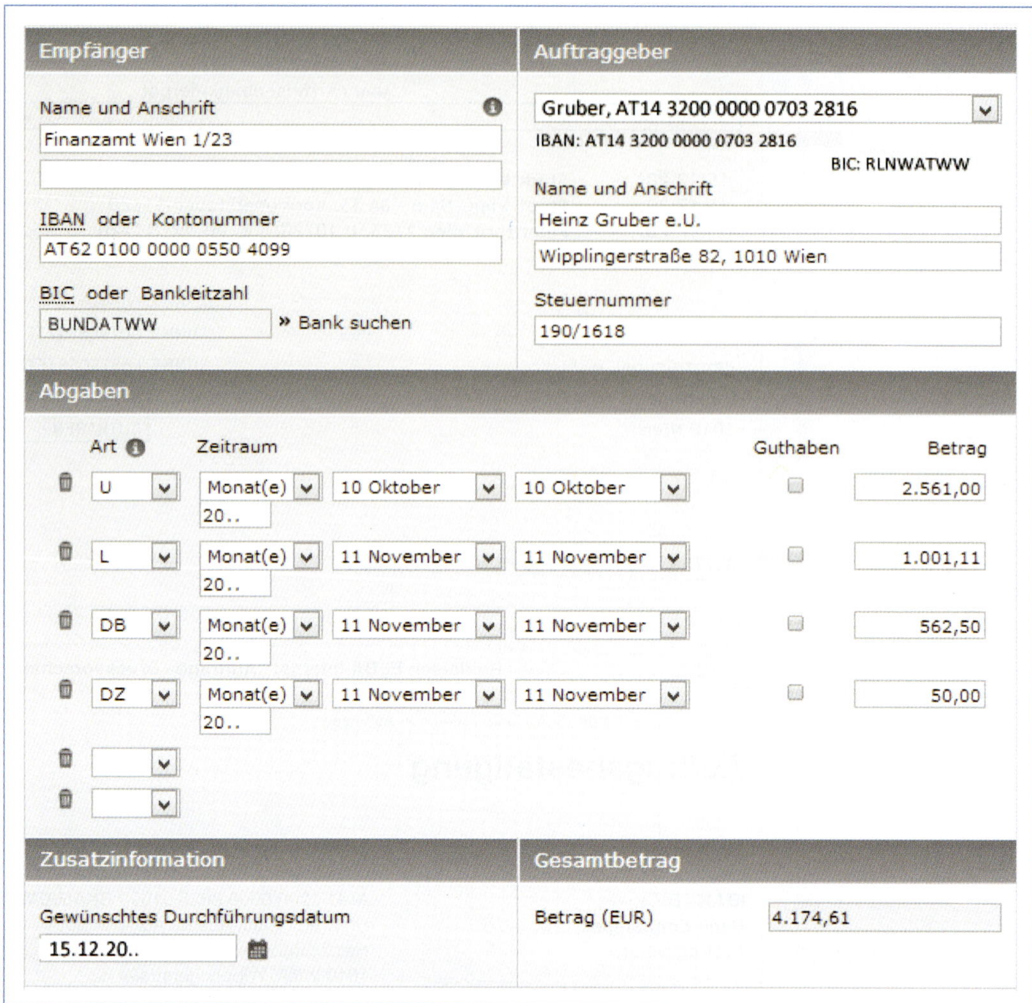
Empfänger

Name und Anschrift

Finanzamt Wien 1/23

IBAN oder Kontonummer

AT62 0100 0000 0550 4099

BIC oder Bankleitzahl

BUNDATWW » Bank suchen

Auftraggeber

Gruber, AT14 3200 0000 0703 2816

IBAN: AT14 3200 0000 0703 2816

BIC: RLNWATWW

Name und Anschrift

Heinz Gruber e.U.

Wipplingerstraße 82, 1010 Wien

Steuernummer

190/1618

Abgaben

Art	Zeitraum			Guthaben	Betrag
U	Monat(e) 20..	10 Oktober	10 Oktober		2.561,00
L	Monat(e) 20..	11 November	11 November		1.001,11
DB	Monat(e) 20..	11 November	11 November		562,50
DZ	Monat(e) 20..	11 November	11 November		50,00

Zusatzinformation

Gewünschtes Durchführungsdatum

15.12.20..

Gesamtbetrag

Betrag (EUR) 4.174,61

5.8 Mahnschreiben – 16. Dez.

Der Mahnplan der Heinz Gruber e. U. weist folgende Stufen auf:

Stufen	Termin	Zahlungsfrist	Spesen
Erinnerungsschreiben (1. Mahnstufe)	7 Tage nach Fälligkeit	10 Tage	–
2. Mahnstufe	14 Tage nach Erinnerungsschreiben	10 Tage	€ 40,00
3. Mahnstufe	14 Tage nach 2. Mahnstufe	10 Tage	€ 70,00

Aufgabe: Erstellen Sie die Mahnschreiben, entsprechend dem Mahnplan, mit Mahndatum 16. Dez. C

Gutschriften von Lieferanten werden wie Rechnungen mit dem **Ausstellungsdatum** verbucht.

5.9 Belege vom 17. Dez.

- Gutschrift für einen Preisnachlass an den Kunden Heinz Schober e. U. (Kopie)
- Gutschrift des Lieferanten Büromaschinen AG

Aufgabe: a) Verbuchen Sie die Belege. C
b) Nehmen Sie die erforderlichen Buchungen in der Lagerbuchführung vor. C

Büromaschinen
Heinz Gruber e.U.
Wipplingerstraße 82
1010 Wien

Telefon: +43 1 613 63 34-0
Fax: +43 1 613 63 34-20
E-Mail: office@gruber.at
Website: www.gruber.at
UID-Nr.: ATU21476150
DVR-Nr.: 0098924
Handelsgericht Wien, FN 207163p

Heinz Schober e.U.
Landstraße 72
4020 Linz

S/S, 15. Dez. .. H/G ATU53288801 ..-12-17

Gutschrift für Rechnung 425 vom 5. Dez. ..

Entsprechend unserer telefonischen Vereinbarung schreiben wir für die geringfügige Beschädigung des Gehäuses des PC-Systems "Netzwerkserver Giga 4000", Seriennummer 30213250003,

	EUR 110,00
+ 20 % USt	EUR 22,00
	EUR 132,00

Ihrem Konto gut.

Mit besten Grüßen

Heinz Gruber

BAG
Büromaschinen AG
Neubaugasse 46
1070 Wien

Hard- & Software | Zubehör | Kommunikationstechnik | Service | Beratung

Heinz Gruber e.U.
Wipplingerstraße 82
1010 Wien

EINGEGANGEN 17. Dez. . .

Ihr Zeichen, Ihre Nachricht vom	Unser Zeichen, Sachbearbeiter	Ihre UID-Nummer	Datum
G, 12. Dez. . .	*M/M*	*ATU21476150*	*15. Dez. . .*

Betreff

Gutschrift zur Rechnung Nr. 13847

Wir beziehen uns auf Ihre Mängelrüge vom 12. Dezember und schreiben Ihnen für 1 Stück retournierte Bindemaschine Rapid SR aus unserer Lieferung vom 10. Dezember

	EUR	*460,00*
+ 20 % USt	*EUR*	*92,00*
	EUR	*552,00*

gut.

Wir bitten Sie, den Mangel, der durch eine Unvorsichtigkeit beim Transport verursacht wurde, zu entschuldigen.

Mit besten Grüßen

ppa. Seibert

ppa Seibert

Telefon: +43 1 438 18 97-0 Telefax: +43 1 438 18 97-80	Website: www.bueroag.at E-Mail: office@bueroag.at	Geschäftszeit: Mo–Fr 8–18 Uhr Sa 9–17 Uhr	UID-Nr.: ATU77624590 Firmenbuch: HG Wien, FN 18720 d ARA-LNr.: 2197 DVR: 0012987	Handelsbank AG BIC: HBAGATWW, IBAN: AT63 2051 0000 0487 6232 BAWAG P.S.K. AG BIC: OPSKATWW, IBAN: AT47 6000 0000 0234 4765

Auf einigen Konten wurden die **Eröffnungsbuchungen bereits vorgenommen,** siehe 3.1.

5.10 Eröffnungsbuchungen – 18. Dez.

Die Bilanz zum 31. Dezember des Vorjahres ist erstellt. Sie lautet:

Heinz Gruber e.U.
Büromaschinen
Wipplingerstraße 82
1010 Wien

31. Dez. . .
Seite 1

Aktiva			Bilanz zum 31. Dez. . .		Passiva
Anlagevermögen			**Kapital**		
Geschäftsausstattung	71.175,00		Stand 1. Jan. . .	118.872,00	
Fahrzeuge	22.720,00	93.895,00	– Privatentnahmen	97.610,00	
Umlaufvermögen				21.262,00	
			+ Bilanzgewinn	103.842,00	
Vorräte			Stand 31. Dez. . .		125.104,00
Heizöl	850,00				
Waren	88.565,00	89.415,00	**Rückstellungen**		
Forderungen			Rückstellungen für Rechts- und Beratungsaufwand		3.000,00
Lieferforderungen		28.200,00			
Kassenbestand, Guthaben bei Kreditinstituten			**Verbindlichkeiten**		
Kassa	5.793,36		Darlehen	80.000,00	
Bank	24.097,00	29.890,36	Lieferverbindlichkeiten	24.946,14	
			USt-Zahllast	2.709,00	
			Verbindl. Finanzamt	928,61	
			Verbindl. Krankenkasse	2.506,66	
			Verbindl. Stadtkasse	205,95	
			Sonst. Verbindlichkeiten	2.000,00	113.296,36
Summe Aktiva		241.400,36	Summe Passiva		241.400,36

Wien, 15. Dezember . .

Rückstellungen sind Vorsorgen für ungewisse Verbindlichkeiten.

Aufgabe: Erstellen Sie die restlichen Eröffnungsbuchungen. C

5.11 Bildschirmabfrage – 19. Dez.

Der Kunde Heinz Schober e. U. benötigt zur Saldenabstimmung die offenen Beträge seines Kontos. Diese sind mittels Bildschirmabfrage festzustellen.

Außerdem benötigt Heinz Schober innerhalb einer Woche 50 Stück Taschenrechner Lanon R 4 sowie 50 Stück Taschenrechner Lanon MR 5. Es ist über Bildschirm der Lagerbestand dieser Artikel abzufragen.

Aufgabe: Erstellen Sie die Bildschirmabfragen. C

Da sich die gesetzlichen Bestimmungen in der Personalverrechnung laufend ändern, können die zum Zeitpunkt der Durchführung des Lehrmodells aktuellen Werte (z. B. die SV-Beiträge) von den in der Abrechnung ausgewiesenen Zahlen etwas abweichen. Dies hat jedoch für die Durchführung des Lehrmodells keine Bedeutung.

5.12 Belege vom 23. Dez., 29. Dez. und 31. Dez.

23. Dez.

- Honorarnote des Steuerberaters
  Für den Steuerberater Mag. Dr. Josef Reisner ist ein neues Lieferantenkonto (33407) anzulegen.
- Von einer entsprechenden Software erstellter Gehaltsabrechnungs-Buchungsbeleg
  Die Verbuchung erfolgt über das Konto 3850.

29. Dez

- Kauf eines Pkw von der Auto-Krainer GmbH. Der Pkw ist auch in der Anlagendatei zu erfassen (Inventarnummer 7101), Nutzungsdauer acht Jahre.

  Für die Auto-Krainer GmbH ist ein neues Lieferantenkonto (33408) anzulegen.
- Kontoauszug der Bank
  - Gutschrift der Bareinzahlung
  - Bankeinzug durch die Lanon AG, R 3926 (E 198) € 1.680,00 abzüglich 3 % Skonto (€ 50,40)
  - Lastschrift für die überwiesenen Nettogehälter

31. Dez

- Kontoauszug der Bank
- Aktennotiz H. Gruber – Fehlbuchung

Aufgabe: a) Legen Sie das neue Lieferantenkonto an. C
b) Erfassen Sie das Anlagegut in der Anlagendatei. C
c) Nehmen Sie die erforderlichen Buchungen vor. C

Mag. Dr. Josef Reisner
Wirtschaftstreuhänder – Steuerberater

Walfischgasse 72
1010 Wien

Telefon: +43 1 615 17 17-0 Telefax: +43 1 615 17 17-20
E-Mail: office@dr-reisner.at Website: www.dr-reisner.at
Bank: Erste Bank der österreichischen Sparkassen AG
BIC: GIBAATWW IBAN: AT47 2011 1000 0001 8621
DVR: 0049267 UID-Nr.: ATU27411912

Heinz Gruber e.U.
Büromaschinenhandel
Wipplingerstraße 82
1010 Wien

EINGEGANGEN 23. Dez. . .

Ihre UID-Nummer	Unser Zeichen	Datum
ATU21476150	Dr. R/lu	19. Dez. . .

Honorarnote-Nr. 432/ . .

Erstellung des Jahresabschlusses und der Steuererklärungen für das vorherige Geschäftsjahr	Pauschale	EUR 3.600,00
	+ 20 % USt	EUR 720,00
		EUR 4.320,00

Zahlbar netto Kassa innerhalb von 10 Tagen nach Erhalt der Rechnung
Zahlbar und klagbar in Wien

GEHALTSABRECHNUNG 23.12. . . – BUCHUNGSBELEG

Gehälter	6.250,00
SV	– 1.129,38
LSt	– 675,53
Auszahlung	4.445,09

SV-DGA Angestellte	1.460,00
DB Angestellte	281,25
DZ Angestellte	25,00
KommSt Angestellte	187,50
Wiener DA Angestellte	26,00

Auto-Krainer
GmbH

RECHNUNG

Auto-Krainer GmbH · 1030 Wien · Hainburger Straße 125

Heinz Gruber e. U.
Wipplingerstraße 82
1010 Wien

Im Versicherungsfall ist der Rechnungsbetrag (Abfindung, Wertminderung) unwiderruflich an die Fa. Krainer auszubezahlen.

Unterschrift__________

Kasko:

	Re.-Nr 54525
Datum (= Tag der Lieferung)	. .-12-29
Kunden-Konto-Nr.	100253 8
Auftrag-Nr.	VK7737624
Kunden-UID:	ATU21476150

Betriebs-Nr.	Amtl. Kennz.	Typ, Modell	Zulassungs-Datum	Aggregate-/Fahrgestell-Nr.	Einbau-/Aufnahme-Dat.	km-Stand	KD-B Betr.
219/640							

Verkäufer: 004 Krainer Günther jun. Wa E

Wir lieferten Ihnen fabriksneu, serienmäßig in Ausführung und Ausstattung, fünffach bereift und komplett mit Werkzeug und Wagenheber:

Typ/Modell	Passat Variant Trendline 2.0 BMT TDI 4 MOTION				(V3B2355-H4)
Farbe	shadowblue metallic				
Fahrgestell-Nr.	WVWZZZ3BZVP101274				
Motornummer	AFN				
Hubraum (ccm)	1968				
PS / KW	140/103				
Zum Preis von				EUR	26.674,45
M-Ausstattungen:	* Metallic			EUR	484,71
	Licht- und Sicht-Paket 2			EUR	331,70
	LM-Räder "Barcelona"			EUR	409,81
	Navigationssystem "RNS 315"			EUR	665,54
	Abzüglich Rabatt			EUR	– 1.566,21
	Basisentgelt NOVA und USt			EUR	27.000,00
	10 % NOVA	EUR	2.700,00		
	+ NOVA-Zuschlag	EUR	540,00	EUR	3.240,00
	20 % Umsatzsteuer			EUR	5.400,00
	Gesamtbetrag			EUR	**35.640,00**

Kaufvertrags-Nummer u. -Datum / . .-08-25

Bis zur Bezahlung des Kaufpreises bleibt der Kaufgegenstand Eigentum des Verkäufers.
Zahlbar sofort nach Erhalt der Rechnung ohne jeden Abzug.

Auto-Krainer GmbH
VW- und Audi-Händler
und Kundendienst

1030 Wien
Hainburger Straße 125
Telefon: +43 1 713 81 05-0
Fax: +43 1 713 81 05-15
E-Mail: office@krainer.at
www.krainer.at

Bankverbindungen:
Raiffeisenbank Wien
BIC: RLNWATWW
IBAN: AT66 3200 0000 0419 2399
BAWAG P.S.K. AG
BIC: BAWAATWW
IBAN: AT32 1400 0012 1078 9090

Bei Rückfragen bitte Rechnungs-Nr. angeben.
Die Arbeiten wurden unter Anerkennung unserer Instandsetzungsbedingungen durchgeführt.
Zahlbar ohne Abzug, bar bei Übernahme des Fahrzeuges.
Bis zur restlosen Bezahlung des Kaufpreises bleibt der Kaufgegenstand Eigentum des Verkäufers.

Für im Wagen verbliebene Gegenstände können wir keine Haftung übernehmen.

Sitz: Wien
Handelsgericht Wien
FN 47035w
DVR: 0055263
UID-Nr.: ATU25354103

IBAN: AT14 3200 0000 0703 2816 | RAIFFEISENBANK WIEN AG | 28 | BIC: RLNWATWW
TEL.: 05 1700 1700 | DVR: 0031585
www.raiffeisenbankwien.at

* Firmenkonto *		WERT	BETRAG IN EUR
ALTER KONTOSTAND			42.233,65
15.12.20..	Bareinzahlung	16.12.20..	1.000,00
16.12.20..	Lanon AG, R 3926/02.12.20.., 3 % Skto.	16.12.20..	1.629,60 –
29.12.20..	Peter Rosner, Gehalt 12/20..	29.12.20..	1.669,82 –
29.12.20..	Guenther Wirth, Gehalt 12/20..	29.12.20..	1.409,69 –
29.12.20..	Frieda Berger, Gehalt 12/20..	29.12.20..	1.365,58 –

POS	SUMME GUTSCHRIFTEN	1.000,00
	SUMME LASTSCHRIFTEN	6.074,69 –
	NEUER KONTOSTAND	
	GUTHABEN	37.158,96

Heinz Gruber e.U.
Wipplingerstraße 82
1010 Wien

AUSZUG 200/BLATT 001 VOM 29.12.20 . .

Raiffeisen
Meine Bank

29.12.20. . **Raiffeisen ELBA-Internet - Aufträge - Druckvorschau**

>> Mein Bankgeschäft >> Zahlungsverkehr >> Aufträge

Auftragsbestätigung

Empfänger:	Peter Rosner
IBAN / BIC:	AT42 1200 0006 1607 1055 / BKAUATWW
Bank Empfänger:	UniCredit Bank Austria AG
Auftraggeber:	Heinz Gruber e.U. 1010 Wien, Wipplingerstraße 82
IBAN / BIC:	AT14 3200 0000 0703 2816 / RLNWATWW
Betrag:	1.669,82 EUR
Verwendungszweck:	Gehalt 12/20..
Kundendaten:	

Verfüger: Heinz Gruber e.U. **Datum:** 29.12.20.. **Uhrzeit:** 14:45
Art: Inlandsüberweisung **cardTAN:** 0756875

Angemeldet als: Heinz Gruber e.U. © Raiffeisen

29.12.20. . **Raiffeisen ELBA-Internet - Aufträge - Druckvorschau**

>> Mein Bankgeschäft >> Zahlungsverkehr >> Aufträge

Auftragsbestätigung

Empfänger:	Guenther Wirth
IBAN / BIC:	AT14 2051 0000 0195 2564 / HBAGATWW
Bank Empfänger:	Handelsbank AG
Auftraggeber:	Heinz Gruber e.U. 1010 Wien, Wipplingerstraße 82
IBAN / BIC:	AT14 3200 0000 0703 2816 / RLNWATWW
Betrag:	1.409,69 EUR
Verwendungszweck:	Gehalt 12/20..
Kundendaten:	

Verfüger: Heinz Gruber e.U. **Datum:** 29.12.20.. **Uhrzeit:** 14:45
Art: Inlandsüberweisung **cardTAN:** 0756875

Angemeldet als: Heinz Gruber e.U. © Raiffeisen

29.12.20. . **Raiffeisen ELBA-Internet - Aufträge - Druckvorschau**

>> Mein Bankgeschäft >> Zahlungsverkehr >> Aufträge

Auftragsbestätigung

Empfänger:	Frieda Berger
IBAN / BIC:	AT89 2011 1000 0001 8738 / GIBAATWWXXX
Bank Empfänger:	Erste Bank AG
Auftraggeber:	Heinz Gruber e.U. 1010 Wien, Wipplingerstraße 82
IBAN / BIC:	AT14 3200 0000 0703 2816 / RLNWATWW
Betrag:	1.365,58 EUR
Verwendungszweck:	Gehalt 12/20..
Kundendaten:	

Verfüger: Heinz Gruber e.U. **Datum:** 29.12.20.. **Uhrzeit:** 14:45
Art: Inlandsüberweisung **cardTAN:** 0756875

Angemeldet als: Heinz Gruber e.U. © Raiffeisen

Bei einem Bankkonto, das im Allgemeinen ein Guthaben aufweist, kann sich z. B. durch hohe Überweisungen kurzfristig auch eine Schuld ergeben, wodurch sich **Schuldzinsen (Sollzinsen)** ergeben.

IBAN: AT14 3200 0000 0703 2816 RAIFFEISENBANK WIEN AG 28 BIC: RLNWATWW
TEL.: 05 1700 1700 DVR: 0031585
www.raiffeisenbankwien.at

* Firmenkonto *		WERT	BETRAG IN EUR
ALTER KONTOSTAND			37.158,96
31.12.20..	KEST	31.12.20..	13,70 –
	SOLLZINSEN*	31.12.20..	21,78 –
	BUCHUNGSKOSTEN	31.12.20..	36,22 –
	HABENZINSEN	31.12.20..	54,80
	ABSCHLUSSKONTEN	31.12.20..	4,36 –

POS

SUMME GUTSCHRIFTEN 54,80
SUMME LASTSCHRIFTEN 76,06 –

Heinz Gruber e.U.
Wipplingerstraße 82
1010 Wien

NEUER KONTOSTAND
GUTHABEN 37.137,70

AUSZUG 201/BLATT 001 VOM 31.12.20 . .

Raiffeisen
Meine Bank

Büromaschinen
Heinz Gruber e.U.
Wipplingerstraße 82
1010 Wien

Telefon: +43 1 613 63 34-0
Fax: +43 1 613 63 34-20
E-Mail: office@gruber.at
Website: www.gruber.at
UID-Nr.: ATU21476150
DVR-Nr.: 0098924
Handelsgericht Wien, FN 207163p

Verteiler:

Aktennotiz über
☐ Ferngespräch
☐ Besuch
☒ Sonstiges: Fehlbuchung

Kunde:
––

Aufgenommen von: H. Gruber

Datum: 31.12... Uhrzeit: 10.12

Betreff:

Die Kontrolle der Personalabrechnung für Dezember ergab einen Fehler bei der Verbuchung der Wiener DA Angestellte: Verbucht wurde der Betrag von € 26,00. Der richtige Betrag lautet allerdings auf € 24,00.

Die entsprechende Buchung vom 23. Dezember 20.. ist zu korrigieren. Die Verbuchung der Wiener DA Angestellte ist mit dem richtigen Betrag neu durchzuführen.

Heinz Gruber

5.13 Monatsabschluss

Im Rahmen des Monatsabschlusses Dezember sind folgende **Ausdrucke** erforderlich:

- Journal
- USt-Voranmeldung für Dezember . .
- Zusammenfassende Meldung für Dezember . .

  Jeder Unternehmer hat im Allgemeinen für jeden Monat (Meldezeitraum), in dem er innergemeinschaftliche Warenlieferungen ausgeführt hat, bis zum Ablauf des auf jeden Kalendermonat folgenden Kalendermonats (z. B. für den Meldezeitraum März bis 30. April), beim Finanzamt eine Zusammenfassende Meldung mithilfe von FinanzOnline zu übermitteln. Mit der Abgabe oder Zusammenfassenden Meldung ist keine Steuerzahlung verbunden.
- Kammerumlage für das 4. Quartal . .

Hinweise und Erläuterungen zu **FinanzOnline** finden Sie auf der Website des Bundesministeriums für Finanzen **www.bmf.gv.at.**

Aufgabe: Erstellen Sie die erforderlichen Ausdrucke. C

6 Jahresabschluss

6.1 Erstellung der Summen- und Saldenbilanz, Gewinn- und Verlustrechnung, Schlussbilanz

Nach der Verbuchung der laufenden Geschäftsfälle auf den entsprechenden Konten sind im Rahmen des **Abschlusses** am **Ende des Geschäftsjahres folgende Arbeiten** durchzuführen:

- **Abschluss der Konten** durch Erstellung der **Summen- und Saldenbilanz**
- Aufstellung der **Um- und Nachbuchungen** (Abschlussbuchungen)
- **Erfolgsermittlung**
- Erstellung der **Bilanz und der Gewinn- und Verlustrechnung**

Die Aufstellung der **Um- und Nachbuchungen** (Abschlussbuchungen) ist Teil des Lehrstoffes des III. Jahrgangs und wird in diesem Lehrmodell nicht dargestellt.

Aufgabe: Erstellen Sie im Rahmen des Jahresabschlusses folgende Ausdrucke: C

- Summen- und Saldenbilanz
- (Konten)
- Anlagenverzeichnis
- Artikelliste (von Artikel 1400 bis Artikel 1410)
- Bilanz und GuV-Rechnung

6.2 Umsatzsteuer- und Vorsteuerprobe

SbX ID: 0132

Formulare für die Umsatzsteuer- und Vorsteuerprobe stehen im SbX als PDF-Dateien zur Verfügung.

- **Umsatzsteuerprobe**

Mit der USt-Verprobung wird überprüft, ob der vom Umsatzsteuerkonto auf das Konto USt-Zahllast umgebuchte USt-Betrag jenem Betrag entspricht, der sich aufgrund der umsatzsteuerpflichtigen Erlöse bzw. Erträge ergibt.

Konto	Kontenbezeichnung		Betrag in Euro
4000	HW-Erlöse 20 %	+	
4400	Erlösberichtigungen 20 %	–	
4410	Kundenskonti 20 %	–	
4900	Eigenverbrauch 20 %	+	
	Summe		
	davon 20 % USt		
	zum Vergleich: Saldo Konto 3500 USt		
	Abweichung		

● Vorsteuerprobe

Mithilfe der VSt-Verprobung wird kontrolliert, ob die Summe der auf den Konten Vorsteuer und Vorsteuer aus ig. Erwerben erfassten Beträge mit jenem Betrag übereinstimmt, der sich aufgrund der Handelswareneinkäufe, der Anlagenkäufe und der Aufwände ergibt.

Konto	Kontenbezeichnung		Betrag in Euro
0660	Betriebs- und Geschäftsausstattung	+	
5010	HW-Einsatz	+	
5600	Heizölverbrauch	+	
5880	Lieferantenskonti auf Wareneinkauf	–	
7311	Paketgebühren 20 %	+	
7330	Lkw-Betriebsaufwand	+	
7380	Telefongebühren	+	
7381	Internetgebühren	+	
7400	Mietaufwand	+	
7600	Büromaterial	+	
7650	Werbeaufwand	+	
7750	Rechts- und Beratungsaufwand	+	
7850	Übrige betriebliche Aufwendungen 20 %	+	
	Summe		
	davon 20 % VSt		
	zum Vergleich: Saldo Konto 2500 VSt		
	Saldo Konto 2510 VSt aus ig. Erwerben		
	Summe		
	Abweichung		

Aufgabe: Führen Sie die Umsatzsteuer- und Vorsteuerprobe durch. C

Wissen

SbX ID: 0132

SbX ID: 0132

Weitere Möglichkeiten zur Kompetenzüberprüfung im SbX

Wiederholungsfragen | Weitere Aufgaben mit automatischer Aufgabenkontrolle | H₂O Musterunternehmen

Ein kurzer Kompetenz-Check, bevor's weitergeht!

Kompetenz-Check

	☺	😐	☹
Ich kann Bargeschäfte verbuchen.			
Ich kann Eingangsrechnungen bzw. Gutschriften in der Buchführung und in der Offene-Posten-Verwaltung verbuchen.			
Ich kann Lagerzugänge, Preisnachlässe und Rücksendungen in der Lagerbuchführung erfassen.			
Ich kann Lieferscheine, Ausgangsrechnungen bzw. Gutschriften erstellen und deren Werte in der Buchführung, in der Offene-Posten-Verwaltung sowie in der Lagerbuchführung erfassen.			
Ich kann Überweisungen in der Buchführung und in der Offene-Posten-Verwaltung erfassen.			
Ich kann die Anschaffung von Anlagegegenständen in der Buchführung verbuchen.			
Ich kann Anlagegegenstände in der Anlagenbuchführung erfassen.			
Ich kann die Berechnung der Abschreibung durchführen.			
Ich kann die Verbuchung der Abschreibung in der Finanzbuchführung vornehmen.			
Ich kann die Umsatzsteuer- und Vorsteuerprobe durchführen.			
Ich kann die erforderlichen Auswertungen wie Buchungsjournal, Konten, Offene-Posten-Auswertungen, Artikeljournal, Umsatzsteuervoranmeldung, Zusammenfassende Meldung, Anlagenverzeichnis, Bilanz und GuV-Rechnung erstellen.			

4 ZUSÄTZLICHE ÜBUNGSBEISPIELE

SbX
Alle SbX-Inhalte zu diesem Kapitel finden Sie unter der ID: 0142.

Zusätzliche Übungsbeispiele stehen Ihnen unter der **SbX-ID: 0142** als **Download** zur Verfügung.

Die Übungsbeispiele sind mit dem **Datenstand UEBE** zu bearbeiten.

ANHANG

SbX

Alle SbX-Inhalte zum Anhang finden Sie unter der ID: 0190.

Der Anhang enthält

- für die Bearbeitung der Beispiele erforderliche Checklisten,
- ein Verzeichnis über die im Schülerbuch verwendeten Konten – Kontenplan und
- einen Bildnachweis.

Der Anhang umfasst folgende Inhalte:

Checklisten – Kopiervorlagen

Verzeichnis der im Schülerbuch verwendeten Konten – Kontenplan

Bildnachweis

SbX
Alle Checklisten finden Sie unter der ID: 0190.

Checklisten – Kopiervorlagen

Checkliste – Kassabelege

Arbeitsschritte

Kassabelege

ERLEDIGT

1 **EINBUCHUNG** des **Saldovortrages Kassa** bzw. **KONTROLLE** des **Saldos des letzten Geschäftstages** am Kassakonto

2 **NUMMERIERUNG** und **KONTIERUNG** der **Kassabelege des aktuellen Geschäftstages**

3 **EINTRAGUNG** der **Buchungsanweisungen** in die **Buchungsliste** bzw. in die **angeführten Buchungszeilen**

4 **BERECHNUNG** des **Kassa-Sollbestandes** am **Ende des aktuellen Geschäftstages**

5 **VERGLEICH** des **errechneten Kassa-Sollbestandes** mit dem **Kassa-Istbestand**

6 **ERFASSUNG** der einzelnen **Kassabuchungen** in der **Finanzbuchführung** des entsprechenden Softwarepaketes

7 Vor der Verbuchung: **ABSTIMMUNG** des am Bildschirm ausgewiesenen **Kassasaldos** mit dem in 4 **errechneten Saldo**

8 Durchführung der **VERBUCHUNG** der **Kassabelege** in der **Finanzbuchführung** des entsprechenden Softwarepaketes

9 **AUSDRUCK** des **Buchungsjournals, KONTROLLE** der **Buchungen**

10 **AUSDRUCK** des **Kassabuches, KONTROLLE** des **Saldos**

Checkliste – Wareneinkäufe, Rücksendungen und Preisnachlässe

Arbeitsschritte

Wareneinkäufe, Rücksendungen und Preisnachlässe

ERLEDIGT

1. NUMMERIERUNG und KONTIERUNG der
   - **Eingangsrechnungen –** bei Wareneinkäufen
   - **Gutschriften des Lieferanten –** bei Rücksendungen und Preisnachlässen
2. EINTRAGUNG der **Buchungsanweisungen** in die **Buchungsliste** und **Lagerbuchführungsliste** bzw. in die entsprechenden **Buchungs-** und **Lagerbuchführungszeilen**
3. ERFASSUNG und VERBUCHUNG der **Eingangsrechnungen** bzw. **Gutschriften des Lieferanten** in der **Finanzbuchführung** und in der **Offene-Posten-Verwaltung** des entsprechenden Softwarepaketes
4. ERFASSUNG der **Lagerzugänge** bzw. **Lagerabgänge** (bei Rücksendungen) und der **Preisnachlässe** in der **Lagerbuchführung** des entsprechenden Softwarepaketes
5. AUSDRUCK des **Buchungsjournals,** KONTROLLE der **Buchungen**
6. ERSTELLUNG von **Offene-Posten-Auswertungen,** KONTROLLE der **offenen Posten**
7. AUSDRUCK des **Artikeljournals,** KONTROLLE der **Lagerbewegungen**

Checkliste – Warenverkäufe, Rücksendungen und Preisnachlässe

Arbeitsschritte

Warenverkäufe, Rücksendungen und Preisnachlässe

ERLEDIGT

1. ERSTELLUNG und AUSDRUCK von **Lieferscheinen** und **Fakturen** aufgrund der **Kundenbestellungen** bzw. von **Gutschriften** aufgrund von **Warenrücksendungen** von Kunden und der **Preisnachlässe** an Kunden
2. ÜBERNAHME der **automatisch erstellten Buchungsanweisungen** in die **Finanzbuchführung** und **Offene-Posten-Verwaltung**
3. DURCHFÜHRUNG der **Verbuchung** in der **Finanzbuchführung** und **Offene-Posten-Verwaltung**
4. AUSDRUCK des **Buchungsjournals,** KONTROLLE der **Buchungen**
5. ERSTELLUNG von **Offene-Posten-Auswertungen,** KONTROLLE der **offenen Posten**
6. AUSDRUCK des **Artikeljournals,** KONTROLLE der **Lagerbewegungen**

Checkliste – Rechnungsausgleich

Arbeitsschritte

Rechnungsausgleich

ERLEDIGT

1. **EINBUCHUNG** des **Saldovortrages Bank** bzw. **KONTROLLE** des **Saldos des letzten Geschäftstages am Bankkonto**
2. **NUMMERIERUNG** der **Belege**
3. **KONTIERUNG** der **Überweisungen** auf den **Zahlungsbelegen** bzw. auf den entsprechenden **Kontoauszügen**
4. **EINTRAGUNG** der **Buchungsanweisungen** in die **Buchungsliste** bzw. in die entsprechenden **Buchungszeilen**
5. **VERBUCHUNG** der **Überweisungen** mit dem entsprechenden Softwarepaket in der **Buchführung** und in der **Offene-Posten-Verwaltung**
6. **LAUFENDE KONTROLLE,** ob der **Saldo laut Bankkontoauszug** mit dem **Saldo laut Bankkonto der Buchführung** übereinstimmt
7. **AUSDRUCK** des **Buchungsjournals, KONTROLLE** der **Buchungen**
8. **ERSTELLUNG** von **Offene-Posten-Auswertungen, KONTROLLE** der **offenen Posten**

Checkliste – Anlagenkäufe und Abschreibung

Arbeitsschritte

Anlagenkäufe und Abschreibung

Nr.	Arbeitsschritt	ERLEDIGT
1	NUMMERIERUNG und KONTIERUNG der **Eingangsrechnungen**	
2	EINTRAGUNG der **Buchungsanweisungen** in die **Buchungsliste** bzw. in die entsprechende **Buchungszeile**	
3	ERFASSUNG und VERBUCHUNG der **Eingangsrechnungen** in der **Finanzbuchführung** und in der **Offene-Posten-Verwaltung** des entsprechenden Softwarepaketes	
4	ERFASSUNG der **Anlagegegenstände** in der **Anlagenbuchführung**	
5	AUSDRUCK des **Buchungsjournals,** KONTROLLE der **Buchungen**	

Am Ende der Abschlussperiode (des Geschäftsjahres)

Nr.	Arbeitsschritt	ERLEDIGT
6	BERECHNUNG der **Abschreibung** in der **Anlagenbuchführung**	
7	AUSDRUCK des **Anlagenverzeichnisses**	
8	ERFASSUNG und VERBUCHUNG der **Abschreibung** in der **Finanzbuchführung**	
9	AUSDRUCK des **Buchungsjournals,** KONTROLLE der **Buchungen**	

Verzeichnis der im Schülerbuch verwendeten Konten – Kontenplan

SbX
Den Kontenplan finden Sie unter der ID: 0190.

Klasse 0

0120 Datenverarbeitungsprogramme
0121 Geringwertige Datenverarbeitungsprogramme
0180 Geleistete Anzahlungen für immaterielle Vermögensgegenstände
0200 Unbebaute Grundstücke
0210 Bebaute Grundstücke (Grundwert)
0300 Gebäude
0400 Maschinen
0480 Geringwertige Maschinen
0500 Werkzeuge
0550 Geringwertige Werkzeuge
0620 Büromaschinen, EDV-Anlagen
0630 Pkw und Kombis
0640 Lkw
0660 Betriebs- und Geschäftsausstattung
0680 Geringwertige Büromaschinen, EDV-Anlagen
0681 Geringwertige Betriebs- und Geschäftsausstattung
0700 Geleistete Anzahlungen für Sachanlagen
0800 Beteiligungen
0920 Festverzinsliche Wertpapiere des Anlagevermögens

Klasse 1

1000 Bezugsverrechnung
1100 Rohstoffvorrat
1300 Hilfsstoffvorrat
1340 Vorrat Verpackungsmaterial
1350 Vorrat Betriebsstoffe
1360 Vorrat Heizöl
1365 Vorrat Schmiermittel
1370 Vorrat Reinigungsmaterial
1390 Vorrat Büromaterial
1400 Unfertige Erzeugnisse
1500 Fertige Erzeugnisse
1600 Handelswarenvorrat
1680 Emballagen-Vorrat
1800 Geleistete Anzahlungen auf Vorräte 20 %
1801 Geleistete Anzahlungen auf Vorräte 10 %
1802 Geleistete Anzahlungen auf Vorräte 13 %

Klasse 2

2000 Lieferforderungen (Forderungen aus Lieferungen und Leistungen Inland, Kundensammelkonto)
2070 Verrechnungskonto erhaltene Anzahlungen
2300 Sonstige Forderungen
2320 Gegebene Darlehen
2330 Forderungen aus Darlehenszinsen
2340 Forderungen aus Beteiligungserträgen
2350 Forderungen aus Wertpapierzinsen
2360 Forderungen aus Leasinggeschäften
2380 Guthaben bei Lieferanten (nicht aus Anzahlungen)
2400 Lohn- und Gehaltsvorschüsse
2500 Vorsteuer
2510 Vorsteuer aus ig. Erwerben
2620 Aktien des Umlaufvermögens
2700 Kassa
2790 Forderungen Kreditkartenunternehmen
2794 Forderungen Bankomatkarten
2795 Forderungen Quick
2800 Bank (Guthaben bei Kreditinstituten)
2810 PSK
2870 Barverkehr mit Banken
2880 Schwebende Geldbewegungen

Klasse 3

3000 Rückstellungen
3110 Bank (Bankschuld, Verbindlichkeiten gegenüber Kreditinstituten)
3150 Darlehen (von einer Bank)
3160 Verbindlichkeiten aus Darlehenszinsen (zu 3150)
3170 Barverkehr mit Banken
3180 Verbindlichkeiten Kreditkartenunternehmen
3190 Verbindlichkeiten Bankomatkarten
3200 Erhaltene Anzahlungen 20 %
3201 Erhaltene Anzahlungen 10 %
3202 Erhaltene Anzahlungen 13 %
3203 Erhaltene Anzahlungen 0 %
3300 Lieferverbindlichkeiten (Verbindlichkeiten aus Lieferungen und Leistungen Inland, Lieferantensammelkonto)
3350 Verrechnungskonto geleistete Anzahlungen
3500 Umsatzsteuer
3510 Erwerbsteuer (USt aus ig. Erwerben)
3520 USt-Zahllast
3540 Verbindlichkeiten FA (Verrechnungskonto FA)
3580 Einbehaltene KESt
3600 Verbindlichkeiten Krankenkasse
3610 Verbindlichkeiten Gemeinde (Stadtkasse)
3700 Darlehen (nicht von einer Bank)
3710 Verbindlichkeiten aus Darlehenszinsen (zu 3700)
3800 Sonstige Verbindlichkeiten
3850 Verbindlichkeiten gegen Mitarbeiter aus der Bezugsverrechnung

Klasse 4

4000 Handelswarenerlöse 20 % (Fertigerzeugniserlöse oder andere Erlöse oder Erträge aus der Hauptleistung des Unternehmens)
4001 Handelswarenerlöse 10 %
4002 Handelswarenerlöse 13 %
4010 Erlöse aus ig. Lieferungen
4015 Exporterlöse
4100 Fertigerzeugniserlöse 20 %
4101 Fertigerzeugniserlöse 10 %
4180 Emballagen-Erlöse
4400 Erlösberichtigungen 20 %
4401 Erlösberichtigungen 10 %
4402 Erlösberichtigungen 13 %
4410 Kundenskonti 20 %
4411 Kundenskonti 10 %
4412 Kundenskonti 13 %
4415 Kundenskonti aus ig. Lieferungen
4416 Kundenskonti Export
4500 Bestandsveränderungen
4810 Mieterträge (Pachterträge)*
4820 Provisionserträge*
4840 Fremdwährungskursgewinne
4850 Erträge aus Konventionalstrafen
4860 Versicherungsentschädigungen (sonstige)
4880 Übrige betriebliche Erträge 20 %
4881 Übrige betriebliche Erträge 10 %
4883 Übrige betriebliche Erträge 0 %
4890 Mahnspesenvergütungen
4900 Eigenverbrauch 20 %
4901 Eigenverbrauch 10 %
4902 Eigenverbrauch 13 %
4903 Eigenverbrauch 0 %

Klasse 5

5000 Bezugsverrechnung
5010 Handelswareneinsatz
5080 Emballagen-Einsatz
5100 Rohstoffverbrauch (-einsatz)
5200 Verbrauch von bezogenen Fertig- und Einzelteilen
5300 Hilfsstoffverbrauch
5340 Verpackungsmaterialverbrauch
5400 Betriebsstoffverbrauch
5410 Schmiermittelverbrauch
5420 Reparaturmaterialverbrauch
5450 Reinigungsmaterialverbrauch
5500 Verbrauch von Werkzeugen, Erzeugungshilfsmitteln
5510 Ersatzteileverbrauch
5600 Heizölverbrauch
5610 Treibstoffverbrauch
5620 Gasverbrauch
5630 Stromverbrauch
5640 Heizmaterialverbrauch (feste Brennstoffe
5880 Lieferantenskonti auf Wareneinkauf (Materialaufwand) 20 %
5881 Lieferantenskonti auf Wareneinkauf (Materialaufwand) 10 %
5882 Lieferantenskonti auf Wareneinkauf (Materialaufwand) 13 %

* Wenn es sich um Nebenerträge handelt.

5885 Lieferantenskonti aus ig. Erwerben
5886 Lieferantenskonti Import
5890 Umsatzbonus auf Wareneinkauf

Klasse 6

6000 Fertigungslöhne
6010 Hilfslöhne
6100 Lehrlingsentschädigungen Arbeiter
6200 Gehälter
6250 Remunerationen, Tantiemen, Prämien
6300 Lehrlingsentschädigungen Angestellte
6400 Abfertigungsaufwand Arbeiter
6410 Abfertigungsaufwand Angestellte
6500 Gesetzlicher Sozialaufwand Arbeiter
6560 Gesetzlicher Sozialaufwand Angestellte
6600 Dienstgeberbeitrag Arbeiter
6610 Zuschlag zum DB Arbeiter
6620 Kommunalsteuer Arbeiter
6630 Wiener Dienstgeberabgabe Arbeiter
6660 Dienstgeberbeitrag Angestellte
6670 Zuschlag zum DB Angestellte
6680 Kommunalsteuer Angestellte
6690 Wiener Dienstgeberabgabe Angestellte
6700 Freiwilliger Sozialaufwand

Klasse 7

7030 Abschreibungen geringwertiger Wirtschaftsgüter
7100 Grundsteuer
7150 Tourismusabgabe (Interessenbeitrag)
7180 Gebühren
7190 Sonstige Abgaben
7200 Instandhaltung durch Dritte
7210 Reinigung durch Dritte
7220 Entsorgungsaufwand
7300 Ausgangsfrachten 20 % (Transporte durch Dritte)
7301 Ausgangsfrachten 0 %
7310 Paketgebühren 20 %
7311 Paketgebühren 0 %
7320 Pkw- und Kombi-Betriebsaufwand
7321 Motorbezogene Versicherungssteuer Pkw und Kombis
7325 Versicherungsaufwand Pkw und Kombis
7326 Parkgebühren, Straßenmaut Pkw und Kombis
7330 Lkw-Betriebsaufwand
7331 Motorbezogene Versicherungssteuer Lkw
7332 Kraftfahrzeugsteuer Lkw
7335 Versicherungsaufwand Lkw
7336 Parkgebühren, Straßenmaut Lkw
7340 Bahn- und Autobuskosten Inlandsreisen
7341 Flugkosten Inlandsreisen
7342 Taxikosten Inlandsreisen
7344 Reise-Nebenkosten Inland
7345 Kilometergelder Inland
7360 Tagesgelder Inland
7361 Verpflegungsgelder Inlandsreisen 20 %
7362 Verpflegungsgelder Inlandsreisen 10 %
7364 Nächtigungsgelder Inland
7380 Telefongebühren (Telefaxgebühren)
7381 Internetgebühren
7390 Portogebühren
7400 Mietaufwand (Pachtaufwand)
7440 Leasingaufwand
7450 Leasingaufwand Pkw und Kombis
7480 Lizenzaufwand
7540 Provisionen an Dritte (Nicht-Arbeitnehmer; Vertriebsaufwand für Handelsvertreter)
7600 Büromaterial (Büroaufwand, Bürobedarf)
7610 Kopien und sonstige Druckkosten
7630 Fachliteratur und Zeitungen
7650 Werbeaufwand
7660 Aufwand für Geschäftsanbahnungen 20 %
7661 Aufwand für Geschäftsanbahnungen 10 %
7662 Aufwand für Geschäftsanbahnungen 0 %
7663 Nicht absetzbarer Aufwand für Geschäftsanbahnung 20 %
7664 Nicht absetzbarer Aufwand für Geschäftsanbahnung 10 %
7665 Nicht absetzbarer Aufwand für Geschäftsanbahnung 0 %
7690 Spenden und Trinkgelder
7700 Versicherungsaufwand
7710 Haftpflichtversicherungen (ohne Kraftfahrzeuge)
7740 Versicherungsbeiträge an die Sozialversicherungsanstalt der gewerblichen Wirtschaft
7750 Rechts- und Beratungsaufwand
7770 Aufwand für Aus- und Fortbildung
7780 Kammerumlage
7790 Spesen des Geldverkehrs
7791 Sonstige Bankspesen
7792 Provisionen, Gebühren Kredit-, Bankomatkarten und Quick
7800 Abschreibungen von Vorräten
7811 Konventionalstrafen
7815 Fremdwährungskursverluste
7819 Sonstige Schadensfälle
7840 Aufwand für Vorperioden
7850 Übrige betriebl. Aufwendungen 20 %
7851 Übrige betriebl. Aufwendungen 10 %
7852 Übrige betriebl. Aufwendungen 0 %
7890 Lieferantenskonti auf sonstige betriebliche Aufwendungen

Klasse 8

8060 Steuerpflichtige Zinsenerträge für Wertpapiere des Anlagevermögens
8061 Endbesteuerte Zinsenerträge für Wertpapiere des Anlagevermögens
8070 Steuerpflichtige Dividenerträge (aus Aktien ohne Beteiligungscharakter)
8071 Endbesteuerte Dividenerträge ohne Beteiligungscharakter (aus Aktien)
8100 Zinsenerträge aus Bankguthaben
8110 Zinsenerträge aus gewährten Darlehen
8130 Verzugszinsenerträge
8135 Sonstige Zinsenerträge 20 %
8136 Sonstige Zinsenerträge 10 %
8150 Erlöse aus dem Abgang von sonstigen Finanzanlagen
8160 Erlöse aus dem Abgang von Wertpapieren des Umlaufvermögens
8280 Zinsenaufwand für Bankkredite
8285 Sonstiger Aufwand für Bankkredite (z. B. Bereitstellungsprovision, Überziehungsprovision)
8290 Zinsenaufwand für Darlehen
8300 Verzugszinsenaufwand
8301 Mahnspesen
8310 Zinsenaufwand für Lieferantenkredite 20 %
8311 Zinsenaufwand für Lieferantenkredite 10 %
8400 Außerordentliche Erträge
8450 Außerordentliche Aufwendungen

Klasse 9

9000 Kapital (Stammkapital, Grundkapital)
9600 Privat
9610 Privatsteuern
9800 Eröffnungsbilanzkonto (EBK)
9850 Schlussbilanzkonto (SBK)
9890 Gewinn- und Verlustkonto (GuV)

Bildnachweis

Seite 6: senoldo/Fotolia (1. Bild), Tarchyshnik Andrei/Shutterstock (2. Bild)
Seite 10: Tomasz Trojanowski/Shutterstock
Seite 11: Sergey Furtaev/Shutterstock
Seite 12: Maxx Studio/Shutterstock
Seite 14: Christine Krahl/Shutterstock
Seite 16: okili77/Shutterstock
Seite 22: ILeysen/Shutterstock
Seite 26: Natalja Jatsuk/Shutterstock
Seite 34: maglyvi/Shutterstock
Seite 43: CoraMax/Shutterstock
Seite 48: Pressefotos Oral-B
Seite 54: scanrail/iStock (1. Bild), Jiripravda/iStock (2. Bild)
Seite 55: scanrail/iStock (1. Bild), Jiripravda/iStock (2. Bild)
Seite 59: dt10/Fotolia
Seite 99: Avanne Troar/Fotolia
Seite 101: jd-photodesign/Fotolia

Wir haben uns bemüht, alle Inhaber/innen von Bildrechten ausfindig zu machen. Sollten dennoch Urheberrechte verletzt worden sein, bitten wir um Kontaktaufnahme mit uns.